La Persévérance

H. BESSER

LA
Perséverance

ÉDITIONS NILSSON

73, BOULEVARD SAINT-MICHEL, 73

PARIS

PREMIÈRE PARTIE

CHAPITRE PREMIER

La véritable persévérance.

La persévérance est une faculté qui donne les moyens d'accomplir une œuvre, sans se laisser arrêter par les difficultés du début, ni par les obstacles qui se multiplient, au cours de l'achèvement.

C'est une forme de l'énergie qui permet de développer assez de fermeté d'âme pour ne point se laisser rebuter par le labeur de l'exécution.

C'est l'art de marcher vers le but qu'on se propose, en négligeant les embarras momentanés, ou, tout au moins, en mettant tout en œuvre pour les surmonter.

C'est la vertu que professent les gens de volonté ardente, qui, après avoir discerné les possibilités favorables d'une entreprise, ne se laissent point rebuter par les incidents qui viennent en retarder l'exécution.

Les gens doués de persévérance sont ceux qui savent se diriger dans un chemin choisi, malgré les pièges qu'ils y rencontrent.

Les obstacles, bien loin de leur enlever leur courage, semblent le redoubler.

L'ardeur de la lutte décuple leurs forces et la difficulté aiguise leur subtilité.

Les persévérants ignorent les faiblesses qui atteignent ceux dont la volonté débile se brise au premier contact avec les éléments contraires.

Ceux-là se laissent aller au désespoir en accusant le sort qui n'en peut mais.

Ils se gardent bien de convenir de leur impuissance et ne tentent rien pour la muer en énergie directrice.

Leur veulerie trouve bien mieux son compte à l'inaction et ils cessent de poursuivre leur but en se donnant cette excuse à eux-mêmes :

« Rien ne me réussit, il vaut mieux que je ne persévère pas. »

Ils ne manquent pas non plus de s'extasier sur la chance du voisin qui voit toutes ses entreprises menées à bien.

« Oh, si c'était moi, ajoutent-ils, il n'en serait pas ainsi ; mais à lui tout lui sourit. »

Leur dépit leur dicte la vérité.

En effet, tout réussit à celui qui sait vouloir avec persévérance et rien ne peut avoir une terminaison heureuse, entre les mains de ceux qui ignorent les moyens de domestiquer les chances favorables.

Jamais, à aucune autre époque, la persévérance fut plus nécessaire que dans notre société actuelle.

L'instruction plus répandue, en faisant épanouir maintes aptitudes, autrefois laissées dans leur germe, rend les compétitions plus nombreuses.

La lutte en devient donc plus âpre et réclame, de ceux qui la soutiennent, une grande volonté, en même temps que l'effort continu, base de toutes les persévérances.

Cette persistance ne met pas seulement en jeu les qualités nécessaires pour hâter l'accomplissement poursuivi.

C'est aussi la résultante d'une idée, maintenue et contemplée, jusqu'au moment où elle a acquis assez de vitalité, pour pouvoir se transformer en actes.

Elle serait stérile, si le but n'apparaissait pas clairement ; avant de se maintenir avec ténacité dans le même chemin, il est indispensable de savoir où il conduit.

Nombreux sont ceux qui s'engagent en aveugles

et s'étonnent de trouver des difficultés qu'ils s'étaient dispensés de prévoir. Ceux qui sont doués de persévérance se recueillent alors ; ils supputent la nature des obstacles et leur propre force de résistance.

S'ils se sentent incapables de faire tête aux empêchements ; s'ils prévoient que les difficultés vont se changer indubitablement en impossibilités, ils n'hésiteront pas, ils reviendront à leur point de départ et chercheront une route plus pratique.

Cependant pour beaucoup, abandonner un projet est faire preuve de faiblesse et ils reculent devant une détermination qui leur semble une défection.

Pour ces énergiques, les obstacles sont l'ennemi et, de même qu'un soldat se croirait déshonoré s'il fuyait devant un déploiement de forces contraires, ils se sentiraient diminués vis-à-vis d'eux-mêmes s'ils ne tentaient pas jusqu'au bout l'aventure.

Ajoutons que leur courage se trouve la plupart du temps récompensé, car peu de choses résistent à une volonté forte et persévérante.

Le premier mouvement de ceux qui se trouvent dans cet embarras doit être la cessation de la marche en avant, non pas pour reculer, d'abord, mais pour réfléchir.

Nous verrons par la suite qu'il est indispensable de ne point agir à la légère lorsqu'on est résolu à persévérer.

Le raisonnement doit être la base de toute entreprise.

Celui qui s'engage sans avoir prévu la nécessité de combattre est vaincu d'avance.

Quel est le soldat qui part en guerre sans ses armes ?

Dans la lutte pour la vie, la bataille n'est pas moins âpre que sur les champs de carnage et elle est aussi meurtrière, parfois.

Lorsqu'on sera suffisamment éclairé sur l'effort à fournir et qu'on aura prévu les sinuosités ou les aspérités de la route, il sera temps de songer à contourner les unes et à surmonter les autres.

La genèse de toute persévérance est la puissance de l'idée motrice.

Cette vertu est très calomniée.

Les faibles, les incapables lui donnent volontiers les noms de manie ou d'idée fixe.

Mais la fixité des idées est une qualité indispensable pour la consommation des entreprises.

Les idées divergentes conduisent toujours à des résolutions dont la diversité fait la faiblesse.

Celui qui désire sincèrement et fermement aboutir, méprisera les suggestions étrangères à l'idée qui le préoccupe.

Les fins qu'il poursuit seront toujours les régulatrices de ses résolutions.

Il ne perdra pas de vue, non plus, que la volonté

qui lui fait prendre une décision n'est pour lui qu'un état transitoire.

Pour que cet état devienne définitif, il est nécessaire de produire les actes qui le mèneront vers l'accomplissement.

Dans le cas où l'action serait prématurée, il ne se laissera hanter par aucune pensée dérogatoire à l'exécution de ce qu'il a résolu.

Nous n'admettons, bien entendu, que le cas où ces pensées le détourneraient ou l'éloigneraient du but.

Au contraire, toute modification, toute amélioration qui l'en rapprochent, doivent être accueillies par lui et examinées avec tout le soin désirable.

Cependant, avant de modifier le plan primitif, il serait bon de se livrer à un examen approfondi, qui ne permît pas de s'engager à la légère sur une voie dangereuse, ou, ce qui est encore mille fois pis, n'aboutissant nulle part.

Celui qui veut posséder le don de persévérance, doit, avant de concevoir le plan dans lequel il doit persévérer, faire ce que font les touristes prudents, au moment d'entreprendre un voyage.

Ils commencent par consulter leurs goûts, les convenances ou les intérêts qui les incitent à choisir telle contrée plutôt que telle autre.

Ce choix fait, ils consultent leurs moyens.

Ils s'occupent ensuite du temps qu'il leur est permis de consacrer à ce déplacement.

Puis ils s'inquiètent des vêtements et des provisions de toute sorte dont ils devront se munir.

Ceci fait, ils déploient la carte du pays qu'ils désirent visiter et font soigneusement leur itinéraire, prévoyant les lenteurs de la route, les difficultés de communication, marquant les villes où ils désirent séjourner et les endroits ou les sites qu'ils jugent dignes de les retenir.

C'est alors seulement qu'ils se mettent en route, sachant exactement où ils vont, sans se laisser arrêter par les sollicitations des choses qui pourraient les en détourner.

Ceux qui agiraient autrement seraient arrêtés dès les premiers pas.

La constatation du temps, mal calculé, les mettrait dans une inquiétude qui leur enlèverait leur liberté d'esprit; les provisions mal prévues leur feraient défaut et l'exiguïté de leurs ressources, menaçant de s'épuiser avant le terme du voyage, les mettrait dans la nécessité de l'interrompre avant terme.

D'autres, ne sachant pas résister aux attractions des paysages qu'ils ne voient que de loin, se laissent aller à bifurquer pour les contempler de plus près.

Ils perdent ainsi un temps précieux et risquent de s'égarer.

Le pis est que ces sites ne tiennent pas toujours leurs promesses et qu'ils perdent leur route, sans en recueillir de compensation.

C'est alors que les gens manquant de persévérance, au lieu de s'efforcer à retrouver le vrai chemin sans chercher désormais à s'en écarter, se mettent à errer sans but, s'imaginant, à chaque horizon nouveau, trouver une merveille que l'éloignement pare de brillantes couleurs.

D'autres, doués d'une imagination moins vive, passent indifférents devant les sollicitations des mirages, mais se désespèrent au moindre obstacle.

La plus petite fatigue les trouve maussades, prêts à retourner au logis, abandonnant des projets dont l'exécution leur semble trop compliquée.

Il est vrai de dire que, de retour chez eux, ils rencontrent les mêmes sujets de découragement dans la production des actes journaliers, dont ils retardent la consommation, autant qu'il leur est possible de le faire.

Cependant l'effort raisonné n'est jamais rebutant.

Celui qui sait s'y complaire y puisera la force que donne l'espérance du prochain résultat.

La volonté de la persévérance doit être le centre autour duquel gravitent toutes les qualités exigées pour la conquête de cette vertu.

Oui vraiment une vertu ; le mot n'est pas trop

fort, puisque, bien comprise, la persévérance est la synthèse de mille qualités que nous sommes habitués à vénérer.

Hâtons-nous d'ajouter que ces qualités, dans la lutte de la vie, sont, à la fois, des armes offensives et des instruments de défense.

Elles nous servent à combattre tous les défauts ennemis de la sincérité et de la réussite.

Elles les attaquent, les battent en brèche et les assaillent jusqu'à complète disparition.

Elles sont aussi le bouclier qui nous préserve des coups mortels que dédient aux belles réalisations tous les défauts qui nous empêchent de pratiquer la persévérance.

Ces ennemis sont, pour ne citer que les principaux :

La paresse ;

Le découragement ;

Le manque de confiance en soi-même ;

L'impatience ;

La légèreté.

La paresse, en déterminant la haine de l'effort, ne permet de mener à bien que les entreprises faciles, celles qui ne demandent ni tension d'esprit, ni attention soutenue et encore moins un labeur continu.

Or, il faut bien en convenir, les œuvres qui exigent aussi peu de complications sont presque toujours d'un ordre inférieur.

Leur facilité d'exécution, en les mettant à la portée de tous, les exclut du domaine réservé aux légitimes ambitions.

Elles sont tentées et accomplies par tant de gens, que, subissant la loi de l'offre et de la demande, elles perdent tout l'intérêt moral ou matériel qui pouvait s'y rattacher, dans le principe.

Ceux qui s'y sont adonnés, attirés par leurs difficultés nulles, ne tardent pas, du reste, à les abandonner, car la multitude de la production, en faisant surgir la concurrence, nécessite des qualités d'action et de persévérance dont leur paresse leur interdit la manifestation.

Les paresseux sont donc condamnés éternellement aux besognes secondaires et aux affaires sans horizon, car la paresse provoque toujours une atonie morale, qui éloigne de tout ce qui prend le nom de labeur.

Le champ des connaissances reste ainsi en friche, alors qu'un peu d'activité pourrait y faire éclore la fleur du savoir, dont le parfum embellit la vie.

Dans la lande que représente l'esprit des nonchalants, l'ivraie et les plantes parasites envahissent bientôt un terrain qu'on ne leur dispute pas.

C'est pourquoi les gens atteints de paresse ne sont ornés que de qualités négatives.

Celles qui concourent au succès ne subsistent pas longtemps chez eux; elles meurent vite ou végètent, étouffées par la croissance des tares, découlant du défaut capital.

Ils deviennent bientôt eux-mêmes semblables à ces végétations ternes, qui ne semblent animées d'aucun principe vivace.

La paresse, lorsqu'elle est poussée à l'extrême, amène toujours la dégénérescence de l'individu.

Il est bien connu que les organes dont on supprime l'habituelle fonction s'atrophient.

Il est peu de gens qui soient dans le cas de se servir de leur main gauche aussi bien que de la droite.

Cependant, lors de la naissance, ces deux extrémités étaient destinées aux mêmes aptitudes.

Mais l'usage voulant que l'on réprimande les enfants dès qu'ils se servent de la main gauche, celle-ci n'a jamais acquis la souplesse et l'adresse de la main droite.

Cette remarque est si vraie que ceux qui, par métier, doivent se servir de la main gauche, comme les violonistes ou les pianistes, arrivent à un degré de dextérité que ne connaîtront jamais ceux qui ne se sont pas exercés spécialement.

Après la paresse, vient *le découragement*, qui est la cessation de toute volonté, en ce qui concerne le labeur en cours.

La survenue d'un obstacle imprévu est toujours la cause du découragement.

Les âmes viriles n'y voient souvent qu'un sti-

mulant et l'attrait de la lutte les incite à persévérer dans la voie qui les conduira au succès.

Mais les hommes de volonté chancelante perdent courage devant chaque incident, dont la production retarde l'accomplissement.

Ils sont devant les événements contraires,
comme un mineur qui verrait des blocs formi-
dables venir incessamment combler la galerie qu'il
perce.

Celui qui est doué de persévérance, après avoir
déploré ces contretemps successifs, se reprendra
très vite en constatant l'inutilité de ses regrets.

Il fournira les efforts voulus pour détourner les
obstacles amoncelés et parviendra avec d'autant
plus de joie au terme de son entreprise que celle-
ci aura été plus ardue et, partant de là, plus glo-
rieuse.

Mais celui dont la volonté est atrophiée reculera
devant ce redoublement de peines ; il préférera
abandonner le travail que de recommencer ce qu'il
a déjà une fois accompli, et, tout en se désolant devant la stérilité de ses efforts passés, il reviendra
sur ses pas, bien heureux encore si sa tentative
avortée n'a pas causé des perturbations qui lui
barrent la route du retour.

Le manque de confiance en soi-même vient toujours d'une précédente expérience malencon-
treuse.

Pourtant au lieu de se laisser aller à ce sentiment exempt de noblesse, il serait mieux de faire un retour sur soi-même et de confesser sincèrement ses torts.

On verrait que presque toujours les échecs se sont produits par suite d'un manque de réflexion, par un découragement trop prompt, ou encore par défaut d'activité.

Il faut bien l'avouer, c'est là une des causes principales des échecs.

En préconisant l'activité, nous ne voulons pas parler de cette mobilité extrême à laquelle certaines personnes donnent volontiers le nom de travail.

L'activité fructueuse est rarement bruyante.

Elle a les qualités de la persévérance dont elle est un puissant rouage.

L'agitation est peu durable et en s'apaisant, elle produit la lassitude.

Or la cessation de l'effort amène toujours l'arrêt du progrès, et l'on sait déjà que tout ce qui ne s'améliore pas dégénère.

Il résulte de ceci que la fatigue en se greffant sur la désillusion concourt à détruire le désir de soutenir la lutte.

Là où les persévérants ne verront qu'un embarras passager, ceux qui manquent de confiance en eux-mêmes trouveront un obstacle infranchissable.

Au lieu de redoubler d'efforts, ils s'arrêteront

pour se lamenter, déclareront la tentative impossible à réaliser, ou se borneront à un labeur imparfait.

La foi en soi-même est un levier puissant, même dans des mains débiles.

Dans toutes les entreprises, elle est le phare qui éclaire la route et donne le moyen de se frayer, sans peur de s'égarer, le chemin vers le but.

Donc, si l'on voulait prendre la peine de s'examiner sincèrement, on verrait que la défiance peut être enrayée, puisqu'elle vient de causes que l'on peut déterminer et qu'il est facile d'améliorer, avant d'arriver à les supprimer à tout jamais.

Le remède serait donc placé tout près du mal et facile à découvrir.

Quant à l'application, elle ne demande que du discernement et de la volonté.

L'impatience est l'antithèse de la persévérance ; elle veut toujours brusquer les résultats et les ampute, lorsqu'elle ne les détruit pas entièrement.

Si la négligence est déplorable, la trop grande hâte ne l'est pas moins, car elle s'oppose à tout perfectionnement.

Que de fois même n'arrête-t-elle pas un développement au détriment de l'utilisation de l'œuvre, qui se trouve ainsi détournée à la fois de son but et de ses fins premières.

Les gens impatients pourraient se comparer à celui qui croirait hâter l'apparition du poussin en brisant prématurément la coquille de l'œuf qui le recèle.

Il réduirait ainsi à néant une chose qui, sous sa forme primitive ou sous celle de l'animal qui en est issu, est un mets succulent, maintenant inutilisable, grâce à sa sotte impatience.

La légèreté est l'écueil contre lequel se heurtent les gens de volonté intermittente.

Ils effleurent tous les sujets, entament maintes affaires, mais ne se fixent jamais.

Un rien les détourne du labeur commencé et les incite à en entreprendre un autre, qu'ils quitteront avec la docilité qu'ils montrent envers leurs instincts puérils.

Il leur est interdit de se maintenir dans la même voie pendant longtemps.

La curiosité aidant, ils se détournent à chaque instant de leurs projets pour en concevoir d'autres qu'ils abandonnent avec la même désinvolture.

Sont-ils sincères dans leur désir d'action ?

Oui, pour la plupart du temps.

Mais le moindre événement les incite à changer d'idée ; le plus petit obstacle, sans les effrayer pourtant, les trouve indifférents et vite écœurés.

Sans chercher à le tourner ou à le franchir, ils e lancent dans d'autres combinaisons, dont leur

légèreté ne leur permet pas de voir les désavantages.

Leur vie est un perpétuel recommencement et
ils ne comptent jamais de succès.

Il est vrai de dire qu'ils ignorent aussi la
défaite absolue : ils ne poussent jamais jusque-là.

Ils se contentent d'amorcer des projets, de
construire des combinaisons, qui, sans provoquer
beaucoup de désappointement de leur part, du
reste, paraissent un moment, puis se volatilisent
comme les bulles de savon que les enfants lancent dans l'air.

Voyons maintenant quelles sont, dans les
grandes lignes, les qualités de l'homme persévérant.

En tête de tout nous trouvons : *la ténacité*. Puis
viennent ensuite :

Le calme ;

La patience ;

L'activité ;

L'aplomb ;

L'attention.

Bien d'autres qualités secondaires, mais non
sans grande importance, viennent se greffer sur
celles-ci et leur donner toute leur valeur, jouant
ainsi leur rôle de fidèles auxiliaires.

De celles-ci, nous parlerons au cours des cha-
pitres suivants ; dans ces premières pages, consa-
crées surtout à la définition de la persévérance,

nous indiquerons seulement les éléments indispensables, qui constituent les bases de cette qualité maîtresse qu'on nomme : la persévérance.

Le calme est la vertu des forts.

C'est dans le calme que s'élaborent toutes les belles résolutions, précédant les achèvements profitables.

C'est encore par la vertu du calme qu'il est seulement possible de poser les prémisses du raisonnement que l'on trouve à la base de toutes les entreprises viables.

Sans le calme, aucune déduction ne peut être valablement conçue et c'est de là seulement que part le succès.

Il est plus important qu'on ne pourrait le croire de ne pas débuter par une tentative manquée.

L'insuccès est un facteur de désagrégation pour les âmes qui ne sont pas trempées aux sources de l'énergie et le découragement s'en empare avec d'autant plus de facilité, qu'elles ne trouvent pas en elles la force de lutter contre les événements, dans lesquels elles se plaisent à reconnaître une force occulte et contraire.

La patience, en détournant les manifestations de la nervosité, impose la continuité, aussi bien que la fréquence de l'effort.

Or, la persévérance n'est autre chose que la volonté de cet effort, dont la fréquence amène la continuité.

La patience permet aussi de juger les choses sous l'aspect réel qu'elles ont.

Elle interdit l'irruption des appréciations passionnées, et, partant de là, entachées de partialité.

C'est encore la patience qui nous permet de choisir avec discernement et d'exercer avec lucidité les pratiques que le raisonnement nous a conseillées.

L'activité est indispensable à celui qui veut être persévérant.

Nous avons déjà parlé de ce faux zèle qui, trop souvent, prend le nom d'activité et n'est, en réalité, que la satisfaction d'un besoin exagéré de mouvement.

L'activité efficace ne se dépense pas à tort et à travers.

Elle ne s'éparpille pas sur des inutilités.

Elle atteint seulement les choses qui, grâce à elle, sont susceptibles de prendre un développement fructueux.

La division des efforts est toujours le résultat d'une activité mal entendue.

Voilà bien des siècles que l'on a dit pour la première fois : « L'union fait la force », et cette maxime, en traversant les temps, n'a rien perdu de sa vérité et de son opportunité.

L'aplomb permet de mettre en pratique les résolutions que le calme nous a fait concevoir et que la patience nous permet de mûrir longuement.

L'aplomb est la qualité maîtresse de ceux qui se sentent pleins de la volonté qui inspire les belles audaces.

Il canalise les avantages de l'activité, en lui permettant de se faire valoir et de s'exercer à juste titre.

Enfin, il nous inspire assez de confiance envers nous-mêmes pour laisser libre cours à l'idée directrice, conseillère et instigatrice de nos actes.

L'aplomb ne doit jamais être confondu avec l'effronterie.

Il est la qualité des gens de sang-froid, celle de ceux qui ne cherchent qu'en eux-mêmes les moyens de réussite.

Il permet à la pensée de faire participer l'esprit aux résolutions sagement prises, car en modérant la prépondérance des impulsions, il laisse à la raison une place assez large, pour qu'elle puisse efficacement intervenir.

L'aplomb, en créant autour de nous la confiance, nous permet de marcher sans hésitation vers le but que notre sagesse a défini.

Il ne s'agit ici, bien entendu, que de l'aplomb raisonné et non de cette forfanterie, qui, n'ayant aucune base solide, ne peut se maintenir longtemps et ne tarde pas à s'écrouler en entraînant sous ses décombres celui qui, pendant un temps plus ou moins long, mais éphémère toujours, avait cru pouvoir en imposer à tous, sans posséder aucune conviction en ce qui le touchait personnellement.

L'attention, c'est l'habitude de la réflexion appliquée avec conscience.

C'est un désir de compréhension, qui se complique du souci d'appliquer les enseignements que nous en avons recueillis.

Sans l'attention, aucune entreprise ne peut être menée à bien.

Grâce à elle, les avantages et les vices de l'œuvre commencée ne restent pas dans l'ombre.

Les leçons du passé sont, pour un disciple de l'attention, des promesses de succès pour l'avenir.

Les étourdis, seulement, laissent passer inaperçus les enseignements de la vie.

Ceux qui sont doués d'énergie recherchent au contraire tout ce qui peut être pour eux un moyen de les mettre en pratique.

Ils n'ignorent pas que l'attention est un élément puissant de succès.

Elle est mère de l'expérience, qui ne pourrait pas exister si l'on ne prenait soin de fixer dans son esprit les détails des choses sur la foi desquelles on l'établira plus tard.

C'est grâce à l'attention qu'un inventeur pourra modifier sa création, en tenant compte des défectuosités qu'il remarquera dans les systèmes analogues.

C'est encore par la vertu de l'attention que la pensée motrice pourra se transformer en une puissance active, dont les effets viendront concourir à l'acquisition de la persévérance.

Il est, on ne saurait assez le répéter, impossible de songer à cette enquête si l'on ne pratique les vertus qui la composent, en se gardant des tares qui l'empêchent de s'épanouir.

Elle aidera aussi puissamment à la formation de celles qu'on ne posséderait qu'imparfaitement.

Elle nous réconforte, nous fait patients, courageux, modérés, enfin elle nous conduit au succès, en nous évitant les écœurements et les lassitudes que ressentent toujours, à un degré plus ou moins intense, ceux dont la volonté fragile n'est pas soutenue par la foi.

CHAPITRE II

Des dangers de l'entêtement.

« Les extrêmes se touchent », dit un proverbe dont la véracité ne dément pas la réputation qui fut faite à ces antiques préceptes.

Il est vrai qu'un excès de persévérance peut conduire à l'entêtement.

Les réalités militantes que la persévérance mue en autant de motifs de réalisation, se changent, par la faute de l'entêtement, en autant d'utopies, dont l'artifice est involontairement — ou quelquefois sciemment — contesté par ceux qui ne veulent pas se rendre aux conseils de la raison.

Il ne s'agit plus d'un idéalisme que la science ou l'étude peut rendre fécond à plusieurs titres.

L'entêtement consiste à poursuivre un projet dont on ne peut raisonnablement entrevoir l'accomplissement.

Le point de départ de cette obstination à garder

la mauvaise voie repose presque toujours sur l'émission d'un faux raisonnement.

On s'est engagé à la légère, escomptant un espoir qui s'est dilué au soleil de la logique, comme un nuage s'évapore dès l'apparition d'un rayon.

Il serait parfois grand temps encore de changer de détermination, mais on s'arrête à des considérations, qui, devant la certitude de l'insuccès, devraient perdre de leur valeur.

Presque toujours aussi l'amour-propre s'en mêle : on ne veut pas convenir de son erreur et on ne se rend pas compte qu'en y persévérant on l'aggrave de plus en plus.

La négligence joue aussi son rôle dans l'opiniâtreté des entêtés.

Abandonner la tentative première pour en suivre une autre, c'est doubler l'effort que leur veulerie a déjà eu tant de peine à fournir.

Ils ne se rendent pas compte que la démarche la plus minime est encore une chose qu'il faut regretter lorsqu'elle est sans but ou qu'elle ne peut concourir à parfaire une entreprise.

Celui qui se complaît dans l'entêtement peut se comparer à un homme qui voudrait cultiver un champ de pierres.

Toute la semence qu'il confierait au sol serait irrémédiablement perdue, et, qui pis est, il aurait encore dilapidé son temps.

Or, chaque minute de notre vie, que nous

employons à des besognes stériles, est le fragment d'une heure que nous ne reverrons plus jamais et qui, sans profit pour personne, se perd dans le gouffre de l'éternité.

Mais tandis que l'entêté continuera à répandre une graine inutile sur le granit, l'homme persévérant, sans ébaucher une tentative dont sa raison lui démontrera l'infécondité, réfléchira au moyen de tirer parti de ces pierres.

Quand il l'aura trouvé, lorsque, après en avoir longtemps pesé le pour et le contre, il se résoudra à le mettre en pratique, les difficultés ne l'arrêteront pas et il continuera avec patience le labeur entrepris.

Une forme très fréquente de l'entêtement, c'est de s'exagérer la puissance des faits minimes et d'en tirer prétexte pour prolonger l'erreur.

La sincérité vis-à-vis de soi-même n'est jamais l'apanage de l'entêté ; il aime à se farder la vérité à lui-même et en arrive très vite à ne plus voir les choses sous leur jour véritable, mais sous les couleurs dont il veut absolument les parer.

Cette façon de procéder ne tarde pas à provoquer le complet naufrage du jugement et la déviation de toute appréciation.

Il arrive fréquemment, pourtant, que l'opiniâtreté ne soit pas inconsciente ; le peu de consistance des arguments apparaît alors et l'inanité de l'effort se précise.

Mais on ne veut pas avouer que l'on s'est trompé et on s'enfonce dans son erreur, pour ne pas convenir qu'on l'a reconnue.

On espère ainsi tromper les autres en se trompant soi-même.

On discute en produisant des raisons dont on reconnaît l'absurdité; on expose des preuves factices, s'enlevant ainsi la possibilité d'un retour vers la vérité.

De ces expédients misérables, personne n'est dupe, si ce n'est celui qui les emploie, car à mesure que l'insuccès s'affirme, le mensonge s'amplifie, jusqu'au moment où son auteur ne peut plus cacher à personne l'effondrement de sa tentative.

Une autre particularité de l'entêtement est la mauvaise foi avec laquelle on accueille la réussite des autres.

La dépression qui suit toujours l'échec fait germer, dans le cœur des entêtés, une jalousie qui se traduit toujours par des paroles acerbes pour ceux qui ont connu les heureuses réalisations.

On ne peut, sans acrimonie, constater la réussite des autres et on cherche par tous les moyens possibles à en atténuer la portée.

La blessure de la vanité, jointe à la crainte de devoir recommencer la lutte, prive de toute bienveillance, aussi bien à l'égard de ceux qui ont

triomphé que vis-à-vis des autres, qui, dès la première heure, ont cherché à démontrer l'illogisme
de l'entreprise.

Il est aussi un argument que les entêtés em-
ploient naturellement et qu'ils considèrent comme
victorieux :

« Oui, disent-ils, il est facile de qualifier d'entêtement un effort dont l'issue fut frappée de stérilité, mais s'il avait été productif, on n'aurait pas
manqué de le décorer du nom de Persévérance. »

La réponse est bien simple :

Si le même effort avait abouti au succès, c'est
qu'il aurait été basé sur une détermination mûrie ;
c'est qu'il aurait été la conséquence d'une concentration de pensée précédant et légitimant la résolution de laquelle on est parti.

Toutes les tentatives consciencieusement conçues ne réussissent pas, hélas ! Mais celles qui
ont débuté dans la fébrilité des élans étourdis
avortent toujours misérablement.

« Mais il y a, disent encore les entêtés, des
gens qui n'ont rien fait pour cela et auxquels cependant tout a réussi. »

Nous ne voudrions pas assurer qu'une fortune
passagère n'est jamais échue à des gens qui
n'avaient pas eu la peine de la conquérir.

Mais si l'on veut bien ne pas tenir compte d'une
seule manifestation, on s'apercevra qu'ils ne tardent pas à compromettre, par leur entêtement,

DES DANGERS DE L'ENTÊTEMENT

ce bien qui leur était venu d'une façon si fortuite.

C'est une légende qu'on ne saurait assez cher-cher à détruire :

Le hasard joue, dans la vie, un rôle bien plus effacé que celui qu'on suppose.

Les gens qui réussissent ont rarement à re-mercier ce dieu aveugle, et, si la fortune conti-nue à leur être favorable, on doit se persuader qu'ils ont fait tout ce qui était nécessaire pour l'ap-privoiser.

Ceux qui se retranchent derrière ces miséra-bles arguments ne sont que des entêtés désireux de ne pas assumer sur leur seule tête le poids de leur erreur et voudraient en rendre l'univers entier responsable.

Faut-il les plaindre ?

Non, il faut les guérir en leur démontrant avec toute la délicatesse possible les côtés défectueux de ce qu'ils avaient projeté.

Il serait affreusement maladroit d'insister outre mesure ; on émettra un simple avis d'abord, une appréciation consistant à louer certaines parties de l'œuvre, afin de pouvoir, sans trop le blesser, faire une critique modérée des autres.

Peu à peu, en cherchant avec eux à recons-truire l'édifice écroulé, on glissera quelques conseils sur la façon de l'édifier de nouveau.

L'expérience fera le reste, et, si l'on est adroit, on parviendra sans trop de peine à établir la ligne de démarcation qui sépare l'entêtement de la persévérance.

Il faudra surtout soigneusement se garder de détruire dans le cœur des entêtés sincères le bel espoir, cause primitive de leur obstination.

C'est au contraire en le laissant intact qu'on parviendra à muer en persévérance l'entêtement, dont la genèse a été une trop grande crédulité dans l'avenir.

On ne devra pas oublier non plus que la base de tout entêtement est toujours un faux raisonnement.

La cause initiale du mal doit donc être supprimée, si l'on veut l'extirper en entier.

Entre la persévérance et l'entêtement, il y a la différence de qualité dans le jugement.

Le persévérant est celui dont le cerveau, assoupli à la réflexion, ne conçoit un projet qu'après l'avoir mûrement discuté avec lui-même et avec les personnes compétentes.

Il écoutera religieusement leurs objections, quand même elles viendraient à l'encontre de ses résolutions primitives et il les notera soigneusement, avec l'intention de les apprécier ensuite et de les discuter impartialement.

Si l'un de ces avis lui semble d'une portée véritable, il n'aura aucune fausse honte à convenir de la supériorité du procédé ou de la ligne de conduite recommandés.

DES DANGERS DE L'ENTÊTEMENT

C'est en évitant l'entêtement qu'on prépare le succès.

L'entêté, au contraire, — et c'est là son moindre défaut — ne tient aucun compte des observations, si judicieuses soient-elles.

Il n'admet que les avis favorables et refuse d'entendre les voix qui ne se mêlent pas à la sienne, pour glorifier à l'unisson l'entreprise qu'il médite ou celle qu'il poursuit.

Il méprise l'avis du vieux proverbe disant : « Qui n'entend qu'une cloche n'entend qu'un son. »

Il n'écoute que le tintement enjôleur de celle qu'il agite lui-même.

Il se bouche les oreilles pour ne pas entendre la voix du tocsin, avertisseur des catastrophes et même, lorsque celle-ci s'est produite, il s'empresse encore de nier son erreur, rejetant la faute de l'insuccès sur des interventions, complètement étrangères à la marche des choses.

Il ne faudrait pas cependant tomber dans l'excès contraire et se décourager à la moindre contradiction.

Le propre de la persévérance véritable, nous l'avons dit, est la sûreté de discernement qui permet d'apprécier la valeur des arguments et surtout l'esprit dans lequel ils sont présentés.

Sans tomber dans un excès de défiance, confinant à la manie de la persécution, il est bon de

3

savoir faire la part de l'envie qui souffre de toutes les réussites étrangères et serait désireuse d'empêcher quiconque de concevoir un projet, dont la réalisation lui serait une source de dépit.

Une forme très fréquente de l'entêtement est ce que l'on appelle familièrement l'idée fixe, c'est-à-dire l'insistance de l'idée devenue si puissante qu'elle devient un but unique, dont rien ne peut détourner ceux qui y sont en proie.

L'idée fixe est l'exagération de la persévérance. Elle amène dans les cerveaux frêles la représen tation obstinée de l'idéal poursuivi, sans laisser aucune place aux pensées dérogatoires.

Avec l'idée fixe, l'horizon se ferme.

L'esprit, constamment tendu vers une même pensée, se refuse à en envisager aucune autre.

S'il s'en produit, il les chasse immédiatement, ou, tout au moins, néglige de s'y arrêter, pour en adopter d'autres qui se rattachent au même groupement.

A mesure qu'elles se présentent, celui qui est victime de l'idée fixe les travestit et les transforme, afin de les faire converger vers le sujet unique qui emplit son cerveau.

Poussée aux dernières limites, l'idée fixe devient de l'obsession.

Cet état a pour résultat principal de faire dévier tous les incidents, de quelque nature qu'ils soient,

DES DANGERS DE L'ENTÊTEMENT

vers la pente de l'idée que l'on cultive amoureusement.

Les choses qui, au premier abord, semblent les plus incompatibles avec l'objet, cause de l'obsession, y sont toujours rattachées, par celui qui la nourrit, au moyen de fils plus ou moins tendus, mais qui, après mille détours, finissent toujours par se nouer, rattachant ainsi mille idées hétéroclites, auxquelles la victime de l'obsession trouve toujours un point de contact.

L'obsession se produit, le plus communément, au moment où l'entêtement, arrivé à son comble, ne permet plus au physique d'exercer aucun contrôle sur le moral.

Voilà pourquoi nous assistons à des manifestations qui nous laissent confondus.

De la meilleure foi du monde, des peintres, qui ont été frappés un jour par le mauve accentué d'un crépuscule, rapportent tout à cette impression et produisent des arbres violets, des femmes lilas et des enfants héliotrope.

D'autres, dont l'observation aiguisée s'est exercée particulièrement sur la forme, après avoir constaté l'arrondissement ou la régularité de certains objets, nous dotent d'une peinture où les angles droits et les cercles triomphent, d'une façon souvent intempestive.

Qui n'a eu à souffrir de l'obsession hantant certains spécialistes ?

Suivant la nature de la maladie qu'ils ont étudiée, presque à l'exception de toute autre, maints médecins se refusent à reconnaître chez leurs patients d'autre mal que celui qu'ils traitent habituellement.

Ajoutons que les uns et les autres sont, presque toujours, de très bonne foi.

Du reste, de ceux-là seuls nous nous occupons; les autres, tous candidats au bluff, ne font point partie des entêtés.

Ils sont, au contraire, très décidés à changer leur interprétation à partir du moment où la vogue ne la consacrera plus.

Nous ne voulons parler ici que des convaincus.

Ceux-là, croyant pratiquer la persévérance, se sont par degrés laissé entraîner sur la pente conduisant à l'idée fixe d'abord, à l'obsession ensuite.

L'obsession doit être d'autant plus vivement redoutée, qu'elle est, au même titre que l'entêtement, le résultat d'une volonté de persévérance mal comprise.

Elle est très dangereuse pour le bon équilibre moral, car à sa naissance elle peut donner l'illusion d'une vertu.

Celui qui en est victime sera tout disposé à se prendre pour un homme de volonté ferme, plein de constance dans ses projets et ami passionné de la persévérance.

DES DANGERS DE L'ENTÊTEMENT

C'est cette erreur qui, en empêchant d'étouffer l'obsession dès qu'elle apparaît, conduit les faibles à l'entêtement d'abord, puis à l'idée fixe, enfin à l'obsession que leur fragilité mentale leur fait admettre comme une louable continuité de réflexion.

Le remède à ce mal est l'application raisonnée de la saine persévérance.

Sans brusquer l'entêté, sans prétendre lui faire immédiatement abandonner l'objet de son culte, on dirigera ses pensées vers un désir de réalisation, dont le terme sera assez proche.

Il sera loisible alors de briser la chaîne de l'obsession en lui suggérant une pensée, non pas totalement étrangère, car il ne l'adopterait pas, mais une idée accessoire, qu'avec un peu de patience, on parviendra assez vite à faire passer à l'état d'idée parasite.

L'entêté se laissera faire sans trop de résistance, car il n'aura pas l'impression d'abandonner son idée fixe.

Ce sera alors l'instant de substituer à ces idées presque identiques, d'autres pensées corollaires, engendrant des résolutions qui, insensiblement, s'éloigneront du but primitif.

On aura soin de choisir des projets dont l'achèvement ne soit pas fixé à une trop longue échéance.

C'est, non seulement une des conditions principales de la guérison de l'obsession, mais c'est encore un moyen sûr d'empêcher sa réapparition.

Il serait mauvais, en effet, de démontrer à l'entêté, obsédé de son idée, qu'il est nécessaire de l'abandonner. Il serait non moins maladroit de vouloir, d'un jour à l'autre, effacer de son esprit ce qui y a tenu pendant si longtemps une place prépondérante.

Cette manœuvre, en admettant qu'elle réussise, n'aurait d'autre effet que de changer l'objet de l'obsession, sans parvenir à en détruire le principe.

L'entêté exerce sa manie tant qu'il n'a pas obtenu de réalisation.

Dès que le but est atteint, la crise cesse.

C'est pourquoi il est bon de susciter, dans l'esprit des entêtés, un désir d'accomplissement dont le terme n'est pas lointain.

Si l'idée qui les possède est assez vaste pour ne pas comporter de terminaison rapide, on s'appliquera à diriger leurs efforts sur une série de tentatives qui comportent chacune un achèvement complet et cependant dépendent de l'idée maîtresse.

Ils auront ainsi l'impression de ne pas abandonner leur manie et n'opposeront aucune résistance à celui qui aura entrepris de les guérir.

Peu à peu, leur esprit, satisfait par les achèvements partiels, s'attachera moins profondément à l'idée, qui, dans ces différentes entreprises, aura nécessairement un peu dévié.

Le point très important est de ne point laisser voir à l'entêté, souffrant de l'obsession, que l'on désire le détourner de son idée fixe.

Il se refuserait à l'abandonner et s'y ancrerait davantage encore.

Il faut qu'il ait la conviction de poursuivre toujours le même but et il serait très maladroit de l'inciter ouvertement à l'oublier.

Cependant si le traitement est conduit habilement, la fixité de l'idée deviendra moins rigide.

Sans cesser d'exister elle rayonnera dans les idées subordonnées, qui bientôt le guideront insensiblement vers les pensées divergentes.

Les menus résultats obtenus viendront concourir à la diffusion de l'idée principale et, en peu de temps, la persévérance épanouira ses rameaux sur le tronc infécond de l'entêtement.

CHAPITRE III

Craignons le trop facile enthousiasme.

Nous venons de prouver, dans le chapitre précédent, que l'excès est toujours à redouter, même lorsqu'il s'agit de la culture d'une qualité.

Il ne faut jamais perdre de vue la ligne de démarcation, séparant les sentiments favorables des élans hostiles au parfait équilibre moral.

Lorsqu'on arrive à la franchir, il se produit toujours une surexcitation qui nous entraîne hors des limites que la raison assigne à la bonne harmonie des pensées et des actes.

Celui qui ne s'arrête pas à temps sur le chemin de l'enthousiasme, ne tarde pas à concevoir des idées fausses, contribuant à aliéner la puissance que la maîtrise de soi-même dispense à celui qu la possède.

Le jugement se trouve toujours blessé dans ces

occasions, et les résolutions prises dans l'ardeur d'un enthousiasme exagéré ont peu de chances de durée.

N'ayant aucune base solide, elles s'effondrent dès qu'on les veut mettre à exécution.

Ce ne serait pas très regrettable, si leur disparition n'entraînait toujours celle de la volonté éphémère qui les a fait naître.

Le moindre inconvénient de l'enthousiasme exagéré, c'est de produire infailliblement la désillusion.

On pare de telles couleurs l'objet qui motive l'engouement, on le revêt si magnifiquement dans la pensée, que, peu à peu, et tout à fait indépendamment de la volonté, il se transforme.

L'enthousiaste est la première dupe de son imagination.

Il est de très bonne foi et très convaincu, lorsqu'il narre les mérites et les avantages de ce qui le passionne. Mais il oublie que le fard dont il le recouvre, s'écaillera très vite.

Aussi est-il le premier à souffrir de cette dégradation.

Il s'est enthousiasmé de si bonne foi et ses descriptions ont si bien fait la boule de neige qu'il ne s'aperçoit pas des agrandissements et des embellissements successifs qu'il a accordés à ce qui a eu le don d'attirer ses suffrages.

Mais la fièvre de l'improvisation tombée, il sera

le premier à constater la mesquinerie de ce qu'il avait glorifié.

Il est bien rare que cette désillusion cherchée n'amène pas un découragement très vif.

Les déceptions souvent renouvelées sont le résultat certain des enthousiasmes trop rapides.

Dans cette situation d'esprit, la place réservée au jugement est si limitée que ce grand régulateur des actes ordinaires se trouve chassé au profit d'une partialité, que les événements viennent toujours condamner.

Les enthousiastes obéissent surtout à l'intuition et à l'impulsivité.

Ils repoussent à l'instar des entêtés, tous les raisonnements susceptibles de contrarier les projets qu'ils ont formés dans la fièvre de l'entraînement.

Les conseilleurs désintéressés deviennent leurs ennemis momentanés.

Il est vrai que, lors de la désillusion, c'est vers eux qu'ils reviendront, déplorant leur aveuglement et se promettant de faire montre, à l'avenir, de plus de circonspection.

Mais à l'occasion prochaine, ils se retrouveront encore passionnément épris d'une idée ou d'un objet dont ils augmenteront, à plaisir, la valeur et la beauté.

L'imagination des enthousiastes est diaprée comme une robe de fée, mais elle est aussi légère que ces draperies imaginaires.

Dès qu'ils aperçoivent la forme réelle sans les oripeaux dont ils l'avaient parée, ils la délaissent, étonnés d'avoir pu se passionner pour un objet aussi peu attrayant.

C'est le naufrage de la persévérance, car les sujets d'enthousiasme sont aussi nombreux qu'éphémères.

Ils sont volontiers disparates et très souvent contradictoires.

Nous ne parlerons pas de ceux qui touchent à ce qu'on appelle : le snobisme, et qui sont aussi changeants que peut l'être la déesse du caprice : la Mode.

Nous ne faisons allusion ici qu'aux élans exagérés, dont le point de départ est parfois plein de noblesse, mais dont l'amplification amène un mouvement cérébral, se manifestant par une exubérance qu'il est difficile de soutenir.

Ce ne sont pas les flambées dont la flamme monte le plus haut, qui sont les plus durables.

Le feu couvant sous la cendre a des ardeurs moins vives, mais il brûle encore longtemps après que les derniers vestiges des radieuses flambées sont dispersées aux quatre coins de l'horizon.

Un des principaux inconvénients de l'enthousiasme exagéré est de briser la continuité de l'effort.

Lorsqu'il est trop considérable, il ne peut se soutenir longtemps.

Aussi les poussées d'engouement doivent-elles être très sévèrement enrayées.

Il faut les redouter et les maîtriser, comme on le ferait à l'égard des caprices.

Les visionnaires, amis du mirage, en se laissant emporter par leur fantaisie loin des régions où règne l'exacte vérité, sont tous destinés à des chutes dangereuses, mortelles quelquefois.

Plus les coups d'ailes qui les ont transportés dans ce domaine enchanté ont été puissants, plus haut ils ont plané et plus meurtrière est leur retombée.

Mais ce danger ne les concerne pas seulement.

S'il se trouve parmi eux un homme dont la parole peut avoir quelque influence sur les foules, il devient un véritable danger public.

C'est ainsi que se sont laissé entraîner tant de misérables qui ont payé de leur vie leur confiance en ces enthousiastes, sincères presque toujours.

Combien d'entre eux sont partis, le cœur plein d'espoir, à la découverte des champs d'or qui, pour eux, se sont transformés en champs de mort.

Est ce à dire que ceux dont la parole les entraîna furent coupables de tromperie ?

Non, ils étaient convaincus les premiers.

Leur imagination, flattée par la vision de la récolte somptueuse, avait illuminé leur foi de fal-

acieux rayons, dont les reflets, sous l'influence
le leurs récits, se prolongeaient dans celle de
eurs auditeurs.

Eux-mêmes subissaient la dangereuse contagion
le l'enthousiasme qu'ils soulevaient et leur con-
iction était réelle.

Si, de nos jours, le travailleur mieux averti,
rête une oreille moins complaisante à ces récits
niraculeux, il est encore trop souvent la dupe
les politiciens qui, armés eux-mêmes d'une
royance dont ils ont fait une religion, lui laissent
ntrevoir une résurrection de l'âge d'or.

Combien il serait préférable de dire aux labo-
ieux que le travail et la persévérance sont les
iniques moyens d'atteindre cette fortune, qui ne
e dérobe jamais lorsqu'on lui apparaît armé de
es deux vertus.

En agissant ainsi on préviendra l'abattement
jui se produit toujours à la suite des désenchan-
tements.

On supprimera aussi le désordre qui naît inévitablement du travail effectué sans suite.

Ceux qui *veulent* réellement la réussite de
l'œuvre à laquelle ils se sont voués, se garderont
donc des enivrements trop vifs.

Ils éviteront encore les exagérations de travail,
car la satiété guette ceux qui ne savent pas doser
sagement la somme de fatigue qu'ils peuvent
endurer.

Les grands travaux sont faits d'efforts soutenus et non d'élans inégaux ; c'est par un travail modéré, mais intelligent et régulier que les hommes célèbres sont parvenus à la postérité.

Rien n'est plus à redouter que le surmenage, car il est toujours le prélude d'une oisiveté forcée.

La fable du lièvre et de la tortue sera éternellement vraie : Rien ne sert de courir et d'exécuter des bonds considérables, si tout le long du chemin on muse ou si chaque élan doit être suivi d'un long repos.

L'enthousiaste peut se comparer au lièvre de la fable.

La tortue, c'est l'homme persévérant qui ne songe à battre aucun record, mais qui poursuit sa route, sans songer à autre chose qu'au but convoité.

Rien n'est moins profitable qu'un travail exécuté par à-coups.

Le labeur dispersé, exécuté sans esprit de suite, ne peut jamais donner un résultat satisfaisant.

De plus il nous éloigne de cette persévérance que l'on trouve à la base et au terme de toutes les grandes entreprises.

Un effort inégal, accompli fiévreusement d'abord, puis abandonné et repris ensuite, se ressentira, quoi que l'on fasse, de l'état d'esprit de l'ouvrier qui, suivant la suggestion du moment, se trouvera modifié.

Chaque œuvre, matérielle ou morale, exige une assimilation qu'on ne peut obtenir que par la persévérance, car elle ne laisse pas aux pensées étrangères le temps de s'introniser.

La prépondérance de l'idée est indispensable pour atteindre une réalisation ; c'est pourquoi, nous devons nous méfier de l'enthousiasme, car après nous avoir fait voir nos projets sous un jour par trop séduisant, il nous laisse invinciblement désillusionnés lorsque nous les apercevons dépouillés des ornements fictifs dont nous nous étions plu à les affubler.

Plus nous nous sommes élevés, plus la chute nous meurtrit et le temps que nous passons à nous remettre de nos blessures est perdu pour la persévérance, si nous ne nous résolvons pas à ne plus tenter une ascension impossible

L'enthousiasme est encore l'ennemi déclaré de la coordination.

Or si l'esprit de suite fait défaut, il est impossible de poursuivre un but sans commettre des erreurs qui retardent d'autant l'accomplissement auquel nous aspirons.

La coordination des idées ou des actes est indispensable pour arriver au terme de toute entreprise.

Si chacune des phases qu'elle doit parcourir

n'est pas prévue et réglée d'avance, si l'enthousiasme d'abord et l'écœurement ensuite viennent apporter une perturbation fâcheuse dans l'ordre où elles avaient été conçues, il y a grandes chances pour que l'achèvement s'effectue dans des conditions désastreuses, s'il n'est pas entièrement compromis.

En effet, que peut-on espérer d'une œuvre, conduite avec fièvre, puis longtemps délaissée ?

Il ne faut pas non plus négliger le facteur : *opportunité.*

Il joue un rôle considérable dans toute l'œuvre de la persévérance.

Accomplir un acte intelligent, c'est bien, mais l'accomplir au moment opportun, c'est mieux.

L'opportunité double la valeur des choses.

Or l'enthousiasme est l'ennemi déclaré de l'opportunité en ce qu'il procède toujours par à-coups.

Pas de milieu pour l'enthousiaste : le travail exagéré ou la période d'écœurement, pendant laquelle il cesse tout labeur, se déclare désintéressé de tout et affecte de ne prendre goût à rien jusqu'au moment où une autre poussée d'ardeur le rejettera de nouveau à la besogne interrompue.

Mais qu'arrive-t-il alors ?

L'œuvre prise, délaissée, reprise encore, ne se présente plus sous l'aspect primitif.

Puis le temps qui s'est écoulé a modifié mille

CRAIGNONS LE TROP FACILE ENTHOUSIASME

détails ; ce qui pouvait passer pour une innovation est tombé dans le domaine public, ou bien les tendances ont évolué et l'œuvre ancienne, pour conserver des chances de réussite, doit être bouleversée de fond en comble.

Le travailleur se ressent aussi de ces influences.

Son activité mue par l'enthousiasme, puis annulée par le découragement, est inégale et mal coordonnée.

Mais là n'est pas le pis de tout.

Son âme a subi l'emprise des états divers qui l'ont visitée ; sa fraîcheur d'impression est allée rejoindre ses ardeurs primitives, qui se diluent dans la buée du découragement.

Ses sentiments d'antan n'étant pas fertilisés par la persévérance se sont atrophiés ; il doute de lui-même et ses actes se ressentiront de son manque de foi.

S'il voulait persévérer, il lui faudrait appeler à son aide une énergie centuplée, par rapport à celle dont il aurait eu besoin primitivement.

Il peut arriver que, sous la poussée d'une résolution virile, il parvienne à retrouver l'ambiance et les sentations d'autrefois, mais il est très rare qu'il atteigne jamais à la plénitude de ses aspirations.

Cela n'est donné qu'aux modérés, qui, au lieu de considérer les choses avec un enthousiasme débordant, font un pacte avec le raisonnement,

4

générateur de la sagesse et de la mesure conduisant à la persévérance féconde.

L'enthousiasme exagéré est encore funeste à plus
d'un titre.

Après avoir donné naissance à tant d'échecs
successifs, il porte une atteinte terrible à l'Espoir,
ce beau rayonnement dont se dorent toutes les
entreprises persévérantes.

A toujours espérer on désespère, dit un dicton
de l'ancien temps.

A force de voir la lumière, entrevue à tort, se
muer en une obscurité définitive, on ne croit plus
à la clarté.

Les enthousiastes entêtés évitent de se dire
qu'ils ont porté trop haut et trop vite la lampe
dans le vent et qu'ils ont évité de contrôler la
qualité de l'huile qui l'alimentait.

Ils préfèrent s'en prendre au sort contraire et,
dans leur esprit mal averti, l'espoir, cet auxiliaire
si puissant de toutes les entreprises, s'anéantit
sans retour dans le cœur de ceux qui l'ont trop
souvent appelé, alors qu'il ne pouvait légitime-
ment se faire voir, si ce n'est à l'état chimérique.

CHAPITRE IV

L'indécision est funeste à la persévérance.

La décision est une vertu plus rare qu'on ne le pourrait croire; peu nombreux sont les gens qui savent la pratiquer utilement.

Par le mot décision, mais n'entendons pas qualifier ces résolutions brusques, qui caractérisent les esprits superficiels et entêtés.

La décision n'est féconde que lorsqu'elle est issue de la réflexion et de l'habitude de la coordination, dont la pratique permet de discerner rapidement les avantages et les possibilités d'un projet.

Elle ne peut guère s'établir sur des données fixées à l'avance, car, tout en tirant ses déductions de l'expérience, il lui est difficile de se baser exclusivement sur les faits précédents, car les événements ne se produisent jamais d'une façon identique.

Les décisions promptes s'inspirent donc surtout des circonstances présentes, en faisant la part de la relativité qui les rapprochent des faits passés.

Cependant c'est la philosophie de ces mêmes faits qui, en provoquant la réflexion, entraînera la décision qui n'est, en réalité, qu'un composé d'observation et d'initiative.

La faculté de se recueillir est le point de départ de la décision judicieuse.

En pratiquant l'isolement moral, on arrivera très vite à ne rien négliger des détails qui ont entouré les circonstances, analogues à celle dans laquelle nous nous trouvons.

Cette étude minutieuse fera surgir à nos yeux mille menues observations, qui, réunies en faisceau, formeront des preuves assez convaincantes pour qu'il nous soit permis de nous former une opinion.

Ce point est d'une importance capitale, pour ceux qui désirent conquérir la persévérance.

S'ils omettent de se concentrer, ils n'acquierront pas la faculté d'observer et ils ne pourront prendre de décision en toute connaissance de cause.

La réflexion et la concentration sont des lumières, éclairant les obscurités de la conscience.

Or comment est-il possible de s'arrêter à une décision lorsque rien ne vient indiquer de quel côté il est bon de se tourner.

Celui qui ne sait pas réfléchir est pareil au voyageur qui se verrait obligé de choisir son chemin dans la nuit profonde.

Ne serait-il pas pardonnable de ressentir une hésitation avant de s'engager dans un sentier dont il ignorerait la direction et dont il ne pourrait apercevoir les pièges ?

Ce supplice est inconnu de ceux qui pratiquent l'art de la réflexion.

L'habitude qu'ils ont contractée de peser le pour et le contre de chaque chose, jointe à la facilité qu'ils ont acquise de se recueillir, les porte à envisager rapidement les côtés défectueux, aussi bien que les avantages des actes qu'ils ont résolu d'accomplir.

Quelques instants de méditation leur suffisent pour grouper les raisons qui pourraient inciter à conclure une affaire, aussi bien que celles qui tendraient à provoquer le refus de l'entreprendre.

Leur décision, quelle qu'elle soit, ne sera jamais pour eux un motif de regret, car ils l'établissent sur des données certaines, après avoir fait intervenir tous les éléments favorables ou pernicieux pour la bonne marche du succès.

Cette pratique ordinaire de la réflexion aura encore pour avantage de développer en celui qui s'y adonne, l'esprit d'impartialité si nécessaire à qui désire, tout en prenant des résolutions ra-

pides, ne les pas entacher de mensonge invo-
lontaire.

Ils sont moins rares qu'on ne le pourrait penser, ceux qui aiment à se farder la vérité pour
suivre leurs penchants avec un semblant d'excuse
vis-à-vis de leur conscience.

Aussi ne saurait-on jamais assez recommander
d'exiger une sincérité profonde dans toutes les
appréciations, cette sincérité dût-elle offenser
notre amour-propre ou nous interdire une résolution qui nous tente.

Mais la décision pour devenir une vertu directrice, ne doit pas seulement être prompte et bien
fondée, elle doit surtout être durable.

Rien n'est plus déprimant pour l'activité et rien
de plus préjudiciable à l'acquisition de la persévérance que cette poursuite sans cesse renouve-
lée vers un but nouveau.

Le sentiment de satisfaction intime qui suit les
réalisations ne sera jamais connu des indécis.

Ils n'auront jamais la joie de voir leur œuvre
achevée, car avant qu'elle soit parvenue à la moi-
tié du terme, ils l'auront abandonnée pour en
commencer une autre.

L'indécision vient parfois d'une fâcheuse versatilité de caractère qui fait rejeter ce qui fut
jugé bon précédemment.

C'est une tendance vers la prompte satiété,
mélangée d'un désir inassouvi de mieux.

C'est parfois une propension regrettable à voir après coup le mauvais côté des choses et à se le grossir démesurément.

Hélas ! la perfection n'est pas de ce monde et ceux qui la cherchent ont grande chance de ne jamais se trouver en face d'elle.

Mais les esprits versatiles sont d'autant moins aptes à se pénétrer de cette vérité que cette chasse à la perfection intégrale sert s'excuse à la mobilité de leurs sentiments.

Il est moins humiliant de dire : « Je n'ai pas rencontré le bien » que de s'avouer qu'on a été incapable de le découvrir.

Ce changement perpétuel ne permet aux indécis qu'une connaissance imparfaite en chaque matière, car ils ne prennent jamais le temps de rien approfondir.

Mais ils ne conviennent pas de leur peu de savoir et comme ils ont effleuré beaucoup de questions, ils se posent volontiers en désillusionnés.

Il y a deux sortes d'indécision.

Celle dont nous venons de parler, qui est la caractéristique des gens incapables d'un achèvement.

Ceux-là ont à peine commencé à s'intéresser à un projet qu'ils s'attachent à en découvrir les tares afin de se donner un prétexte pour ne pas les poursuivre.

Ils accueillent avec empressement tous les conseils susceptibles de les détourner de la voie dans laquelle ils se sont engagés, même les plus superficiels ou les plus partiaux.

En même temps, ils se gardent bien d'accorder aux avis favorables l'importance qu'ils pourraient avoir.

Ils sont toujours désireux de nouvelles entreprises et saisissent avec empressement toute occasion qui s'offre de délaisser le labeur présent pour en commencer un autre.

Si la nécessité les oblige à ne pas interrompre la besogne commencée, ils l'accomplissent sans que leur esprit y prenne part.

Il est ailleurs attiré vers l'œuvre future, celle qu'ils méditent de commencer et à laquelle ils découvrent tous les jours des avantages nouveaux.

Les indécis de cette sorte s'arrêtent à des résolutions relativement rapides, mais éphémères.

A peine leur désir est-il formulé qu'un autre se présente et est accueilli par eux avec le même empressement.

Leur conduite est presque toujours une suite de contradictions, images fidèles de leurs convictions fugitives.

Aussi les voit-on fréquemment revenir à leur point de départ et reprendre l'idée qu'ils ont abandonnée pour la délaisser peu après, quitte à la reprendre encore.

Ces gens-là ne connaîtront jamais la plénitude de satisfaction qui gonfle le cœur de ceux à qui il est donné de contempler leur œuvre terminée.

Cette versatilité est surtout due à la légèreté avec laquelle les décisions sont prises.

Les inconvénients n'ayant pas été prévus et la force d'âme étant nulle, on se voit arrêté par le premier obstacle, sans trouver en soi l'énergie de le franchir ou de le contourner.

La lâcheté devant l'effort à fournir est aussi la cause de ce genre d'indécision.

A la première fatigue on abandonne la partie, quitte à la reprendre ensuite pour se décourager bientôt et la vie se passe en tentatives avortées, toutes dues au manque de persévérance dans la décision.

Il est une autre sorte d'indécis : les timorés.

Ceux-là n'ont pas à regretter une résolution prise à la légère, car ils s'entourent de tout ce qui peut les rassurer, avec une minutie scrupuleuse.

Mais ce souci exagéré des conséquences, joint à une défiance de soi-même que rien ne peut vaincre, les empêche de prendre la résolution que les circonstances réclament.

Lorsqu'ils se trouvent dans la nécessité absolue d'agir, ils le font avec une timidité qui compromet le plus souvent le résultat de leur entreprise.

Ils attendent au dernier moment, puis esquissent l'acte qu'ils doivent accomplir, mais l'achèvent rarement, car ils sont pris de scrupules imaginaires.

Si les indécis dont nous parlions en premier lieu sont à blâmer pour leur manque de prévision, les téméraires pèchent au contraire par un luxe de précautions, qui les entravent dans leur tâche.

Les uns ne veulent pas voir les désavantages de la chose qui les séduit.

Les autres ne discernent que le mauvais côté des résolutions auxquelles ils sont contraints.

Les gens légers s'engagent sans réfléchir et reviennent sur leurs pas, dès qu'ils s'aperçoivent du peu de solidité du terrain.

Les timorés ne peuvent se résoudre à partir ; au moment de se décider, des obstacles, réels ou imaginaires leur barrent la route ou bien la crainte de les rencontrer les incite à l'atermoiement.

Les premiers sont enclins à commencer la veille, la besogne qu'il serait seulement bon de mettre en train le jour suivant.

Les autres remettent toujours au lendemain pour s'occuper de la tâche qu'ils auraient dû accomplir la veille.

Cette propension est un obstacle invincible à l'acquisition de la persévérance.

Les péchés par omissions sont quelquefois plus graves que les fautes actives.

Ils sont certainement moins facilement réparables. On peut atténuer la portée d'un acte regrettable, mais il est difficile de se faire pardonner l'oubli et l'indifférence.

Ces ajournements sont très cultivés par les téméraires, car leur veulerie morale s'accommode facilement d'une inaction momentanée.

Mais ce serait une erreur de les croire satisfaits, dès qu'ils ont pu remettre à une plus longue échéance la décision qu'ils ne peuvent éviter de concevoir.

A partir du moment où ils ont reculé la date de cet acte de volonté, il devient pour eux une hantise, dont ils ne peuvent se libérer.

L'idée de la résolution à prendre gâche leur plaisir présent et le supplice se prolonge avec chaque ajournement.

Ajoutons que, pendant ce temps, les événements suivent leur cours et que l'acte à accomplir s'aggrave des embarras suscités par le retard.

Il arrive encore que son opportunité ait disparu, ou que l'hésitation en le rendant inutile, laisse la place aux malheurs qu'il devait prévenir.

Il est certaines tares physiques ou morales, dans lesquelles il est bon de porter le couteau.

Les indécisions, en retardant l'opération sal-
vatrice, ne servent qu'à compromettre irrémédiablement la situation.

Voilà pourquoi nous voyons certains malades,
atteints plus fortement que d'autres, guérir à
force de patience et de persévérance dans le traitement qui fut entrepris en temps voulu, et poursuivi malgré les souffrances et les ennuis qu'il
provoquait.

D'autres, au contraire, infiniment plus guéris-
sables, s'éteignent après un long martyre qu'un
peu de décision et quelque persévérance leur
eussent épargné.

Les douleurs morales puisent souvent leur
source dans cette inertie de la volonté qui, en
ajournant les réformes exigées par les circonstances, laisse la ruine s'implanter là où une sage
décision, maintenue avec persévérance, aurait
ramené l'aisance et la paix.

La décision prompte et sûre est donc un élément incontestable de succès, à condition d'être
maintenue sans faiblesse.

Nous avons déjà dit que, sans manquer aux
règles de la prudence, il était facile de prendre
des résolutions rapides et marquées au coin de la
sagacité.

La réflexion d'abord, la déduction ensuite, enfin,
l'expérience, basée sur l'enseignement recueilli,
nous aideront puissamment à nous former une

opinion certaine, c'est-à-dire ayant toutes les chances de l'être.

L'infaillibilité du raisonnement ne peut être immuable et bien présomptueux serait celui qui se targuerait de ne jamais se tromper.

Mais on doit reconnaître que ceux-là ont moins de chances de cultiver l'erreur, qui ont observé soigneusement les circonstances du passé et recueilli les leçons de la vie, de la bouche même de ce professeur sans pareil qu'on nomme : expérience.

Pourtant toute cette dépense d'efforts serait vaine, s'ils ne s'attachaient à donner à leur décision l'appoint de la continuité.

Pour mieux s'exercer à la décision rapide, il est bon de se prouver à soi-même son degré de perspicacité.

On se mettra donc en face de résolutions imaginaires, dont cependant le résultat peut être contrôlé et on s'exercera à se déterminer de la façon la plus prompte et la plus sage possible.

On choisira pour textes de résolutions les moindres incidents de la vie ordinaire, en s'imposant de ne prendre une décision qu'à bon escient.

Dès que l'on se sera arrêté à une solution, on se gardera bien de la modifier, même quand elle comporterait des côtés défectueux.

Cette circonstance pourrait, au contraire, servir de leçon pratique.

Ce serait une preuve du manque de réflexion qui a dicté l'acte que l'on doit accomplir et il faudrait en tirer des conséquences favorables à la minutie de la méditation prochaine.

Cette invariabilité d'action doit porter aussi bien sur les objets intellectuels que sur les résolutions journalières.

Si l'on entreprend une œuvre, il faut s'imposer la tâche de la mener jusqu'à parfaite conclusion, quelle que soit sa nature.

Cette fixité dans le choix des résolutions sera surtout appréciée dans la vie usuelle.

Rien n'est plus déconcertant que les fantaisies des irrésolus.

A peine est-on préparé à entreprendre une chose qu'il faut, pour les suivre, en détourner son attention, pour la reporter sur une tentative contraire.

Si, cependant, on proteste assez vivement pour qu'ils ne persévèrent pas dans leur second projet, c'est avec chagrin qu'ils l'abandonnent et ne cessent de le regretter, contre toute vraisemblance.

Avec les indécis, l'idée délaissée se pare toujours des plus brillantes couleurs, tandis que celle qu'il s'agit d'adopter leur apparaît invariablement pleine de difficultés.

Ils ne jouissent pleinement d'aucun plaisir.

Sortent-ils? Ils regrettent les joies de la maison. Restent-ils au logis? La promenade leur

L'INDÉCISION EST FUNESTE A LA PERSÉVÉRANCE 63

semble pleine d'attraits et ils déplorent la cause de ce qu'ils appellent un emprisonnement.

La vie n'est pour eux qu'une suite non interrompue de regrets, car à peine ont-ils adopté une résolution qu'ils souffrent de ne pouvoir agir d'une façon contraire.

Leur mentalité est aussi bien atteinte que leur vie physique par ce terrible défaut.

Ils ne peuvent se résoudre à choisir une lecture.

A peine l'ont-ils commencée qu'ils regrettent le livre qu'ils ont dédaigné précédemment.

S'ils y reviennent, ils ne manquent pas de lui trouver encore moins de charmes qu'à celui qu'ils ont quitté.

Ceci est la forme pessimiste de l'indécision.

La forme optimiste n'est pas moins dangereuse.

Au lieu de ne trouver aucune qualité aux choses qu'ils possèdent ou aux résolutions qu'ils prennent, les indécis optimistes les voient à travers des verres roses ; mais celles qu'ils abandonnent ne leur semblent pas, moins séduisantes.

Un vieux conte rapporte qu'un baudet placé entre deux picotins, qui lui semblaient aussi succulents l'un que l'autre, mourut de faim, faute de pouvoir se décider à entamer l'un ou l'autre.

Certains indécis sont semblables à ce quadrupède fameux.

Rien ne leur paraît désavantageux des différents projets qu'ils élaborent.

Ils s'obstinent à n'en voir que les beaux côtés lorsqu'il s'agit d'opter.

Et, hésitant entre les uns ou les autres, beaucoup d'entr'eux laissent passer l'occasion, personne assez susceptible, qui se représente rarement à ceux qui l'ont une fois méprisée.

Il est donc indispensable pour la sérénité de la vie de s'exercer à savoir se résoudre.

En choisissant pour but de cet exercice les événements dont nous sommes témoins, nous aurons un facile moyen de contrôle.

Il est bon de s'appliquer à résoudre les questions difficiles, concernant les gens de notre entourage.

L'avenir se chargera très rapidement de nous éclairer sur la justesse de nos appréciations.

Il est encore indispensable de ne s'intéresser qu'aux faits dont la conclusion ne peut nous échapper.

Enfin il sera inutile de s'occuper de ceux dont les circonstances principales nous sont inconnues, car dans ce cas, nous pourrions tout au plus nous livrer à la prédiction et non à la prévision.

Dès que l'événement nous aura démontré la justesse de notre jugement, nous n'aurons plus aucune raison de douter de nous-mêmes et la décision, issue d'arguments sérieux, viendra se placer à la base de tous nos actes.

La solidité des déductions nous permettant de

L'INDÉCISION EST FUNESTE A LA PERSÉVÉRANCE

ne pas douter du succès, nous poursuivrons donc avec persévérance le but que nous nous sommes proposé d'atteindre et le succès viendra bientôt, en précieux auxiliaire nous faciliter une tâche si intelligiblement et si vaillamment commencée.

DEUXIÈME PARTIE

CHAPITRE PREMIER

Comment on devient persévérant.

Comme la plupart des vertus qui demandent un effort constant, la persévérance est rarement un don naturel.

Il se peut cependant que la pente du caractère, l'absence de mobilité dans les sentiments, un certain penchant à la réflexion et une prédisposition à la patience disposent certaines gens à pratiquer la persévérance.

Mais ils ne l'exerceront fructueusement que s'ils savent s'y préparer d'une façon rationnelle.

La conquête de la Persévérance demande deux sortes d'études.

L'effort moral et l'effort physique.

Nous nous occuperons du second dans le chapitre suivant; mais avant de se préparer physiquement à la conquête de la persévérance, il est bon d'assouplir son esprit aux exigences de la volonté, du sang-froid, de la déduction et de toutes les qualités dont l'assemblage est le piédestal, sur lequel s'érige la persévérance, fille de la sagesse et de l'espoir.

Un des principaux ennemis de la persévérance est ce besoin de rêverie qui tourmente tant de gens.

Il en est peu qui sachent se contenter de leur présent, sans y mêler des aspirations qui n'ont aucun lien avec leur situation actuelle.

Ils aiment à dire qu'ils ont un idéal et partent de là pour se transporter au pays de la chimère.

On a trop de tendance à confondre ces deux mots, ou plutôt les deux choses qu'ils représentent.

L'idéal n'est pas ce rêve impossible à réaliser que certains cerveaux débiles aiment à évoquer, ne serait-ce que pour se donner le prétexte de calomnier la vie.

Ce n'est pas le songe vague dans lequel les esprits sans consistance se complaisent.

Ces derniers qu'on nomme familièrement des « songe-creux » aiment à s'abîmer dans la contemplation d'une idée plus ou moins abstraite, dont le but est généralement nébuleux.

Ils nomment pompeusement cette idée : mon idéal et cela sert de refuge à leur paresse d'esprit.

Il est cependant indispensable d'avoir un idéal, non pas un but indécis ou une aspiration chimérique, mais celui dont parle Harold Manfield (1).

« Le véritable idéal, nous dit-il, n'est pas un but défini, qui, une fois atteint, laisse l'esprit inactif.

« C'est l'élan continu vers un désir qui, par des réalisations tangibles, nous donne le courage de persévérer.

« C'est un effort constant vers un *tout* dont les réalisations partielles nous apportent des satisfactions et des encouragements. »

Et plus loin, il le définit ainsi :

« On pourrait comparer l'idéal à une chaîne dont chaque anneau, complet en lui-même, vient s'ajouter au précédent, pour former un lien durable et interminable. »

L'idéal est donc l'aspiration maîtresse vers laquelle se dirigent tous nos actes sous forme d'entreprises successives, qui, toutes, doivent concourir à sa formation.

Il n'est pas de situation, si modeste soit-elle, où il ne soit bon d'avoir un idéal.

L'ouvrier aura celui de devenir patron et il

(1) La santé du moral. Édition Nilsson.

accomplira chaque partie de sa besogne dans ce but.

Est-ce à dire que s'il l'atteint, l'idéal disparaît ?

Non, mais il se modifie.

Devenu patron, son idéal sera de se distinguer parmi ceux de son état.

Et cette même aspiration vers le mieux, tout en convergeant vers une fin unique, pourra se satisfaire par des victoires successives, dont chaque répétition est un pas fait dans la direction du terme qu'on se propose.

Sans passer à l'état de chimère, l'idéal peut se rapprocher de la fiction, quant à la perfection que l'on veut atteindre.

Pour certains artistes ce sera l'œuvre impeccable, dont ils se rapprocheraient par des créations successives.

Enfin pour tous, ce sera le but, dont la noblesse, si elle est un peu trop parfaite pour être facilement accessible, sera le refuge contre les déchéances morales.

La rêverie vague est donc l'ennemie de la persévérance, en ce sens qu'elle déplace le sujet principal, pour y substituer des objets divers et des fins différentes.

Elle entrave la marche de la persévérance en lui donnant des aliments de nature diverse et parfois dissemblable.

Elle engendre la versatilité, car elle entraîne

l'esprit sur des routes différentes et lui fait tour à tour prendre et rejeter des résolutions opposées.

Elle habitue le cerveau à cette nourriture fictive, qui trompe sa faim sans l'apaiser.

Enfin elle dissimule la réalité sous des apparences menteuses et sème la désillusion, sœur très proche du découragement.

La rêverie vague est encore l'ennemie de la pensée ; elle est l'ivraie qui grimpe à l'assaut des saines floraisons et ne tarde pas à les étouffer sous ses gerbes infécondes.

Savoir penser est une des conditions les plus favorables pour conquérir la persévérance.

Doter les hommes du moyen de penser, c'est mettre à la portée le plus puissant des instruments de conquête.

C'est par la pensée que nous parvenons à tirer parti des énergies qui sommeillent en nous ; c'est grâce à sa prépondérance que nous pouvons dompter la matière ; c'est par elle aussi que nous affranchissons nos âmes de l'asservissement des impulsions inutiles.

C'est en pensant d'une façon judicieuse que nous saurons tirer des événements les déductions qu'ils comportent.

Ce sera le point de départ ce que l'on appelle la prévision.

Il n'est pas question de cette divination dont

certaines personnes célèbrent le pouvoir occulte et qu'elles attribuent à des causes mystérieuses.

La prévision est l'art de conjecturer, presque à coup sûr en se basant sur des observations, à la fois sérieuses, minutieuses et clairvoyantes.

C'est le secret de bien des soi-disant devins, qui en viennent à formuler des prédictions en se basant sur l'étude approfondie du sujet dont ils s'occupent.

Nombre de gens s'extasient sur la science de certains voyants, sans se rendre compte que, la plupart du temps, leurs prédictions ne sont que des prévisions et leur divination de l'observation.

En effet, que doit-on penser d'abord au sujet d'une personne qui vient interroger l'avenir ?

C'est qu'assurément elle est mécontente du présent.

Les gens heureux désireraient volontiers arrêter la marche du temps et ne demandent rien au futur, contre lequel ils ne ressentent aucune appréhension.

Voici donc un premier point acquis.

Ensuite, que demande-t-on au sort ?

Le bonheur.

Sous quelles formes ?

Il en est deux qui synthétisent les autres :

1° La fortune, qui comprend la gloire et la renommée aussi bien que la richesse;

COMMENT ON DEVIENT PERSÉVÉRANT

2° Le sentiment, sous ses personnifications di-verses.

Avec un peu d'observation et quelque expérience, on aura vite fait de savoir si le consultant appartient à la classe des ambitieux ou à celle des sentimentaux.

L'âge, l'absence ou le port de l'anneau, la nature des questions, l'aspect du personnage, sont autant d'indications précieuses.

L'aspect de chaussures souillées, si le temps est inclément, marquera la gêne ou l'avarice.

Un vêtement lustré aux coudes et aux poignets droit, indiquera un bureaucrate ; à moins que cette partie plus neuve ne démontre ainsi clairement l'usage d'une manche supplémentaire, préservant celle de l'habit.

Nous ne voulons pas entrer plus avant dans des subtilités d'observation que certains romans policiers ont vulgarisées, nous avons simplement voulu prouver que la prévision peut être facilement exercée, si elle est sollicitée par l'habitude d'une analyse scrupuleuse.

On crie au miracle, car ces prédictions, fondées sur ces déductions, se réalisent presque toujours et ceux qui les font se gardent bien de détromper les niais trop crédules en dévoilant leur procédé.

Mais si au lieu de faire servir cette aptitude au triomphe du charlatanisme, on la développe au profit des réalités de l'existence, on pourra, la plupart du temps, obtenir un réel succès par la vertu de la déduction qui nous aura permis de le prévoir.

Pour nous exercer à la prévision, il nous sera facile d'émettre, après de patientes observations, certains jugements que nous pourrons facilement contrôler.

Il est indubitable que les prévisions les plus invraisemblables peuvent être renversées par suite d'un de ces hasards, formé spontanément de la survenue d'un fait inattendu.

C'est alors que la persévérance entre en jeu pour nous aider à surmonter les difficultés nées de ces événements et nous donner l'endurance et la patience nécessaires pour les combattre victorieusement.

La persévérance est faite, aussi bien d'une série de gestes actifs que de longues expectatives et ces dernières sont parfois plus pénibles à supporter que de véritables revers.

Celui qui tient à devenir persévérant doit se cuirasser contre les impatiences qui naissent toujours de l'inaction forcée, en face d'incidents contraires.

Il est cependant des cas où la tactique consiste à déployer une énergie muette, prête à se manifester dès qu'il en sera besoin, mais assez forte pour savoir se dissimuler, plutôt que de se montrer intempestivement.

Pour se former à cette possession latente, il sera bon de cultiver sa volonté à ce point de vue.

Dans le début, on s'exercera à réprimer les mouvements d'impatience provoqués par des retards ou des absences.

On s'imposera le silence au lieu de protester trop vivement, dans les discussions.

On se fixera un délai d'attente de quelques minutes, d'abord, plus long ensuite, et, pendant ce temps, on s'interdira tout mouvement décelant la nervosité.

Enfin, le moment venu d'exercer sa patience, on le fera en s'observant sévèrement et en réprimant tout ce qui pourrait porter atteinte à son développement.

Pour devenir persévérant, il est indispensable, nous l'avons déjà dit, d'avoir foi en ce qu'on entreprend.

Si, du reste la combinaison en vue repose sur des données sérieuses, si nous l'avons suffisamment étudiée, si nous avons su tirer de circonstances analogues les déductions qui nous ont permis de prévoir le succès, si nous nous sommes armés de patience, et que nous ayons, en un mot, suivi les conseils de la persévérance, la défiance ne saurait point nous atteindre.

Les philosophes prétendent que toutes les possibilités existent, du moment que nous admettons leur existence.

Il est impossible de mieux exprimer la valeur de la confiance en soi, dans ce qui regarde le succès.

L'idée de l'échec sera bannie en même temps que la ferme conviction de la réussite s'implantera en notre esprit par tous les moyens dont l'un des plus efficaces est l'assurance qu'on s'en donne à soi-même.

Il serait enfantin de nier la puissance évocatrice des mots.

C'est donc ce procédé qu'on emploiera pour se fortifier dans les résolutions de persévérance.

Plusieurs fois par jour et dès que la solitude sera possible, on se recueillera pendant quelques minutes, puis on se dira à haute voix ces mots :

Cette affaire réussira,

Lorsque l'idée sera suffisamment implantée dans le cerveau on ajoutera :

... parce qu'il est impossible qu'elle ne réussisse pas.

Cet exercice de persuasion est surtout excellent à pratiquer le matin au réveil.

Ces mots seront le viatique de la journée ; avec eux pénétrera la confiance, incitant à la persévérance pour l'heureuse terminaison souhaitée.

Il est non moins indispensable de s'endormir sur la pensée du succès.

Aussi, avant de se livrer au sommeil, sera-t-il bon de se répéter la phrase qu'on a dite le matin.

Les mots affirmatifs nous hanteront involontairement et prépareront pour le lendemain les énergies nécessaires à l'éclosion des résolutions constantes.

Il est bien entendu que nous ne parlons que d'une œuvre viable, remplissant toutes les conditions dont nous avons parlé au commencement de ce chapitre.

S'il s'agissait d'une entreprise chimérique, toutes les phrases persuasives ne pourraient avoir que des conséquences regrettables : elles contribueraient à renforcer l'erreur et à s'y fortifier.

Ce serait le cas de commenter l'axiome des philosophes :

« Toutes les possibilités existent, du moment que nous admettons leur existence. »

Mais nous voulons croire que ceux qui nous lisent ne commettront pas la folie de voir des possibilités là où réside seulement la chimère.

C'est là le raisonnement de ceux que l'on désigne familièrement sous le nom de « ratés », ceux qui ont manqué leur carrière, qui ont ébauché des projets sans consistance ou n'ont pas eu l'énergie de persévérer dans une voie saine.

Ceux-là raillent volontiers le succès des autres ; ils le diminuent, s'ils ne peuvent le nier complètement et parviennent parfois à les faire douter d'eux-mêmes.

Ils décrient les entreprises sérieuses, ne prisant que celles qu'ils déclarent glorieuses; ils affectent de mépriser les succès fructueux pour s'attacher aux achèvements inféconds.

N'en déplaise à ces incomplets, l'argent bien gagné n'est jamais méprisable.

C'est toujours la sanction du véritable succès.

Nous ne sommes plus au temps où il était bien porté de traîner son génie sur les lits d'hôpital.

Le talent, à notre époque, s'il n'est pas toujours rétribué à la mesure de son mérite, n'est cependant jamais méprisé.

Les inventeurs touchent des billets de banque, plus ou moins nombreux, en échange de leurs créations.

Les artistes ne vendent leurs œuvres que si elles ont le don de plaire au public.

Les musiciens se font écouter en échange d'espèces trébuchantes.

Enfin tous ceux dont on apprécie la valeur peuvent vivre largement de leurs talents ou de leur industrie.

Il y a, dira-t-on, beaucoup de gens qui, cependant, possèdent des mérites bien supérieurs, et pourtant restent ignorés tandis que d'autres, qui ne les valent pas, s'étalent dans l'orgueil de leur gloire et de leur fortune.

— Mais pourquoi restent-ils ignorés ?

— C'est qu'ils sont modestes, nous répondra-t-on.

En ce cas, il nous est impossible de les plaindre ;

la modestie ne fait pas partie du bagage de celui qui désire réussir.

Lorsqu'on est pénétré du sentiment de sa valeur on ne se désole pas.

Ceux qui agissent ainsi sont les timorés, incapables de prendre de sérieuses résolutions, aussi bien que d'accomplir un acte décisif.

La foi leur manque... ils se défient de leur savoir... alors pourquoi serions-nous plus confiants ?

S'ils doutent de leur mérite, qu'ils doivent connaître pourtant, pourquoi se plaignent-ils de nous voir les imiter ?

S'il est un mal contagieux, c'est assurément la défiance.

Puis, il est encore nécessaire de faire la part du doute, que l'on conçoit si facilement, au sujet de la capacité d'autrui.

On ne croit déjà qu'à demi celui qui parle avec assurance de sa science et de son habileté, car on sait combien chacun est disposé à se juger avec complaisance.

Comment peut-on se fier à celui qui, le premier, agit ou parle de façon à ne pas dissimuler le peu d'estime que son propre talent lui inspire ?

Il est impossible que devant une humilité trop prononcée, on ne conclut pas à la nullité incurable.

Il est vrai que, parfois, l'ambition prend les dehors de la modestie afin de n'effaroucher personne.

On serre les coudes pour empêcher d'arriver en bon rang un homme dont la supériorité avouée pourrait être considérée comme un danger pour ceux qui briguent cette situation, mais on laissera passer sans crainte celui qui, par son attitude effacée, ne semblera pas être apte à devenir un rival.

On cite des gens qui sont ainsi parvenus à la fortune.

Non seulement on les a laissés se faufiler dans le sillage de la déesse si révérée, mais encore il s'est parfois trouvé parmi la foule des fervents, des personnes qui l'ont aidé à prendre sa place dans le cortège, en espérant ainsi barrer la route à un rival dangereux.

A ce moment seulement, ils ont relevé la tête et montré ce dont ils étaient capables.

L'histoire de nos jours compte ainsi quelques Brutus, qui se sont inspirés de l'histoire pour dissimuler leurs ambitions, jusqu'au moment où il leur a été possible de les laisser éclore.

Ceux-là sont encore des persévérants.

Faut-il les blâmer ou les donner en exemple ?

On pourrait assurer que, tant que leurs moyens n'empruntent rien à la duperie et à la fraude, ils sont respectables à plus d'un titre, car c'est d'eux qu'on peut dire : « Ils sont une force. »

Dans la méthode intellectuelle pour acquérir la persévérance, plusieurs principes sont encore à observer.

Un exercice excellent sera de s'habituer à l'examen des procédés qu'il faut employer pour commencer, avec quelques chances de succès, la mise en œuvre d'une affaire.

En s'exerçant au sujet de celles qui nous sont étrangères, quant à l'intérêt, mais dont les rouages nous sont familiers, notre esprit d'analyse pourra se donner carrière sans risque et l'expérience viendra bientôt nous dispenser ses sages leçons.

Une autre recommandation nous vient d'un philosophe latin qui disait à ses disciples :

« Pas un jour sans une réalisation, si secondaire puisse-t-elle être. »

On ne saurait assez le répéter, la persévérance est surtout composée d'efforts successifs ; c'est une série de gestes, dont chacun, pris isolément, n'a aucun pouvoir, mais qui répétés plusieurs fois par jour acquièrent une puissance que n'auront jamais les actions fougueuses.

Quel est le voyageur qui n'a été induit à réfléchir sur la persévérance en entrant dans l'Église de Saint-Pierre à Rome ?

Le cicérone ne manque jamais de faire remarquer aux admirateurs de la statue géante de Saint-Pierre, que le bronze est usé à l'orteil par les lèvres des fidèles.

Aussi sûrement que la lime, les lèvres en se posant sur le pied de l'apôtre ont amené une usure appréciable, racontant la puissance de la répétition.

Mais la volonté peut subir des heurts et il serait dérisoire de penser que, sans rechute, il sera donné d'atteindre du premier coup, au but qu'on s'est fixé, sans qu'aucune défaillance n'interrompe la constance morale ou physique de l'apprenti persévérant.

La perfection ne s'acquiert guère et ceux qui, du premier coup, prétendraient marcher sans faiblesse dans la voie de l'accomplissement ne seraient que des présomptueux, pleins d'eux-mêmes, sacrifiant à la vanité, quitte à négliger les belles poussées de l'orgueil.

Ceux-là ne seront jamais de véritables persévérants.

Pour le devenir, il leur faudra se mieux connaître : savoir distinguer leurs côtés faibles et ne pas s'exagérer leurs vertus.

Mais tout en reconnaissant leurs mérites et leurs fautes, ils fourbiront les armes qui doivent combattre ces dernières, en même temps qu'ils s'équiperont pour partir à la conquête des qualités qui leur manquent.

Alors seulement, pénétrés du beau sentiment qu'inspire le devoir accompli, ils pourront s'écrier :

« J'ai fait tout ce qui dépendait de moi pour mener mon œuvre à bonne fin : « *Elle réussira donc, parce que je veux le croire et qu'il est impossible qu'elle échoue.* »

CHAPITRE II

Exercices pratiques pour acquérir la persévérance.

« L'ascension d'une montagne, dit un proverbe arabe, se compose d'un multitude d'efforts représentés chacun par l'action de porter un pied à quelques centimètres de distance de celui qui vient de fouler la terre. »

C'est nous dire, dans le symbolique langage qui caractérise les orientaux, que tout résultat ne s'obtient qu'à la suite d'une série de gestes, destinés à son achèvement.

On rirait, assurément, de celui qui se proposerait de sauter d'en bas jusque sur la cime d'un mont, mais on encourage celui qui ceint ses reins et part appuyé sur son bâton pour entreprendre ce voyage.

En même temps qu'un encouragement à la persévérance, ce proverbe est la condamnation de l'effort isolé, fût-il gigantesque.

Mais la multiplicité ne suffit pas ; il faut encore y joindre la régularité.

L'écrivain, qui produit une page par jour, aura, au bout de quelques années, fourni plus de travail qu'un homme qui écrirait tout le jour pendant quelques semaines et interromprait sa besogne pendant de longs mois.

Mais il n'est pas donné à tous de rester constant dans la tâche journalière.

Mille incidents, joies ou peines, viennent détourner de la besogne quotidienne et supplanter le labeur entrepris.

On le délaisse un peu, d'abord avec l'idée de le reprendre, puis on est sollicité par d'autres préoccupations et lorsqu'on veut retrouver l'œuvre commencée, l'état d'esprit ne se trouve plus le même que le jour où elle a été conçue.

L'opportunité de l'achèvement n'apparaît plus aussi nettement non plus et on s'en désintéresse complètement à moins qu'on ne le poursuive sans ardeur et sans conviction.

C'est là un des moindres inconvénients du manque d'éducation dans la persévérance.

Rares sont les gens qui portent en eux les germes de patience et de régularité.

Cependant il est donné à tout le monde d'acquérir ces qualités en se livrant à des exercices que nous allons décrire:

Premier exercice. — Compter lentement jusqu'à

cent vingt, en contrôlent sur une horloge le temps écoulé, qui doit être de deux minutes, pour commencer.

Si l'on énonce le chiffre 120 avant que l'aiguille se soit fixée sur la deuxième minute, on recommencera en espaçant les nombres, de façon à assurer leur quantité, en même temps que leur régularité.

Dès que l'on pourra, sans trop de peine, parvenir au résultat désiré, on prolongera l'exercice en comptant 240, puis 480.

Quelques personnes parviennent au chiffre 920, c'est-à-dire que pendant douze minutes elles peuvent astreindre leur esprit à la seule idée de parvenir à prononcer le numéro 920 lorsque l'aiguille de la pendule se pose sur la douzième minute.

Ceux qui parviennent à exécuter facilement cet exercice sont des candidats tout désignés à la persévérance.

Deuxième exercice. — On prendra une pelote de fil solide et, après l'avoir entièrement déroulée, on emmêlera les fils en tous sens, de la façon la plus consciencieuse.

Pour les premiers jours, on s'assignera quelques minutes de travail seulement.

Il serait imprudent de prolonger l'épreuve plus de cinq minutes, d'abord.

Il faut compter avec la nervosité qui ne peut

manquer de se produire et qu'une trop longue application ne ferait que développer.

L'exercice consistera donc à employer cinq minutes pour démêler l'écheveau embrouillé.

On reprendra, le lendemain, le travail interrompu, en ayant bien soin de ne casser jamais le fil (nous avons dit qu'il faut le choisir très solide, mais non très gros).

Au bout d'une semaine, on prolongera de quelques minutes.

Après quinze jours, on consacrera un quart d'heure. Nous n'avons pas besoin d'insister sur ce point que l'écheveau doit être embrouillé consciencieusement et que, si l'on parvenait à le débrouiller avant le temps fixé pour la durée de l'exercice, il faudrait, après l'avoir pelotonné, l'étendre et l'embrouiller de nouveau.

Troisième exercice. — On mettra dans une sébille des grains de café, pour commencer et on les comptera cinq fois de suite, en inscrivant une première fois le total, de façon à retrouver toujours le même.

Après quelques jours, on les remplacera par des grains de riz que l'on comptera également.

Dans le cas où l'on obtiendrait un chiffre différent, il faudrait recommencer, en regardant comme non avenues les expériences précédentes.

Au moindre signe d'impatience, s'arrêter, puis faire deux ou trois cents pas d'une allure assez vive et se remettre au travail, qu'il faut reprendre dès le début.

Quatrième exercice. — Celui-ci, en même temps qu'il est une excellente leçon de persévérance, sera très précieux pour ceux qui cultiveront un instrument de musique, car il les aidera à conquérir l'assouplissement des doigts.

Pour les autres, il ne pourra, en dehors de l'application dont il est le but, que leur être très utile, car en provoquant l'indépendance des doigts, il détruira la gaucherie native et augmentera l'aisance naturelle des mouvements de la main.

Il s'agira d'étendre la main sur une surface plane (une table, par exemple), puis de plier et de détendre quatre ou cinq fois chaque phalange, en prenant soin que ce mouvement n'entraîne pas le mouvement similaire du doigt voisin.

Lorsqu'on sera parvenu à ce résultat, on augmentera le chiffre des mouvements, qu'on pourra prolonger jusqu'à dix et vingt fois de suite.

Ceci doit être opéré sans hâte, avec toute la régularité possible.

Cinquième exercice. — On mettra devant soi deux vases de la même capacité; l'un sera plein d'eau et l'autre vide.

A l'aide d'une petite cuiller on fera passer l'eau d'un vase dans l'autre, en prenant grand soin d'en renverser le moins possible.

Les gestes doivent être lents, réguliers et purs de toute impatience.

Sixième exercice. — Après avoir pris conseil de sa force musc......... on se proposera de soulever un poids supe......ur à celui que l'on peut supporter au moment du commencement des exercices.

On commencera d'abord par un poids facile à manier et on s'y tiendra pendant plusieurs jours, de façon à ce qu'il soit loisible de le faire sans fatigue.

Dès qu'on aura obtenu ce résultat, on ajoutera un gramme et on s'en tiendra là pendant deux jours.

Deux jours après, un autre gramme viendra s'additionner au poids initial.

On continuera ainsi jusqu'au moment où la fatigue se fera sentir.

A la première impression de difficulté, on s'en tiendra au poids obtenu et on continuera à le soulever tous les jours en se gardant bien d'y changer quoique ce soit.

C'est seulement au bout de quelques jours, lorsque l'effort sera supportable, que l'on essaiera d'augmenter le poids ordinaire.

On peut répéter cet exercice pour obtenir la souplesse ou l'endurance désirées, soit qu'il s'agisse de marche, de saut ou de n'importe quel sport.

C'est en dosant les efforts physiques que l'on parviendra seulement à produire celui dont on espère le résultat définitif.

Observations générales.

Avant de commencer ces exercices, il est bon de s'y préparer par quelques aspirations profondes.

Pour ce faire, on se tiendra debout, le torse bien élargi, la poitrine tendue en avant et les reins cambrés; on emplira ses poumons largement et on rejettera l'air aussi lentement que possible.

Cet exercice a pour but d'amener le calme, en assurant le bon fonctionnement des poumons et en régularisant la circulation.

Or on sait que le calme est une des conditions essentielles de la conquête de la persévérance.

Un autre point très important à observer, c'est de ne jamais chercher à surpasser ses forces.

L'écœurement est l'ennemi de la persévérance et cela s'explique tout naturellement :

Les efforts précédant le moment où il devient impossible de les continuer, amènent toujours une satiété, dont le moindre inconvénient est de montrer le but sous des couleurs désagréables.

Le souvenir de la gêne éprouvée se lie inévitablement avec celui de l'effort futur et en fait rearder l'exécution, jusqu'au moment où l'on trouve un prétexte valable pour l'abandonner sans retour.

Il est encore indispensable, pendant l'accomplissement de ces exercices, de fixer la pensée en ne lui permettant pas de déviation.

C'est pourquoi, dans le début, il est essentiel de ne s'attacher qu'à des terminaisons très proches, afin de pouvoir garder facilement la maîtrise qui empêche l'idée de s'évader.

Si, malgré tous les efforts, le vagabondage se produisait, il serait nécessaire d'écarter toute indulgence vis-à-vis de soi-même.

On ramènerait vivement l'esprit sur le sujet primitif, en redoublant d'attention pour l'y maintenir.

Il est une autre recommandation dont il ne faut pas négliger l'importance.

Il est funeste pour la conquête de la persévérance, d'entreprendre un travail lorsque le précédent est encore en cours.

Nous ne parlons pas ici de ces besognes différentes qui s'exécutent de conserve et qui, bien loin de se nuire, concourent, au contraire au perfectionnement de l'œuvre.

Nous ne voulons désigner que les occupations similaires, dont le début de l'une marque forcément l'interruption de l'autre.

Il est impossible de cesser certain travail, pour

en commencer un autre du même ordre sans bifurquer, c'est-à-dire faire comme cet homme dont parle la fable norvégienne.

Il devait aller d'un point à un autre pour rejoindre sa fiancée.

Mais le droit chemin lui semblant monotone, il l'abandonna pour suivre un sentier qu'il délaissa bientôt en faveur d'un autre.

La route se compliqua, au point qu'il perdit de vue le but unique de son projet ; il erra de village en village pendant de longues années et ne s'avisa que fort tard du véritable terme, jadis convoité.

Mais la route primitive était lointaine, il dut revenir sur ses pas, trouva encore d'autres sujets de distractions, enfin arriva au bout de son voyage lorsque son passage sur la terre avait déjà été fort long.

La fiancée d'autrefois, lasse d'attendre, avait fait sa vie avec un autre époux et il se trouva seul, pauvre et isolé devant une aïeule qui ne pouvait lui faire une place au foyer qui aurait dû être le sien.

Ceux qui ne savent pas persévérer dans une seule pensée, directrice d'un seul but, sont tous pareils à cet homme.

Le travail éparpillé ne donne aucune joie et ne peut porter aucun fruit.

Pour être valable, l'effort du jour doit s'addi-

EXERCICES PRATIQUES POUR ACQUÉRIR LA PERSÉVÉRANCE 93

onner de ceux des jours précédents qui viennent
renforcer et lui donner de l'ampleur.

Les lois de la vitesse acquises ne sont pas bases sur une autre observation.

La mise en marche de n'importe quelle machine
se fait pas instantanément.

La série des mouvements ne se produit avec la
pidité et la régularité voulues que lorsque les
ouvements précédents sont venus accélérer ce-
i de la minute présente.

La force d'impulsion n'est que le résultat des
forts passés joints à celui du moment et elle ne
produit dans toute son intensité que si rien
est venu en entraver la régularité et la préci-
on.

Qu'un temps d'arrêt s'effectue et le détraque-
ent passager annulera cette force dans des pro-
ortions considérables.

C'est de cette comparaison qu'il faut nous ins-
rer dans l'étude pour l'acquisition de la persé-
rance.

Agir c'est bien, mais agir judicieusement c'est
ieux et sans la continuité et la régularité, nulle
ganisation, si parfaite soit-elle, ne donnera la
tisfaction qu'on en attend.

C'est ce précepte qu'il faut suivre, pour accom-
ir scrupuleusement les exercices que nous pré-
nisons dans ce chapitre.

CHAPITRE III

La persévérance et la vie quotidienne.

Cette capitalisation de l'énergie qu'on nomme persévérance reçoit son application, non seulement dans les circonstances décisives de l'existence, mais encore dans les menues occupations, constituant les devoirs et les plaisirs de la vie quotidienne.

La continuité de l'effort ne doit pas viser seulement les grandes entreprises ; pour être fructueuse, elle se produira également dans tous les actes de la journée.

La persévérance concernant la vie quotidienne peut se diviser en deux catégories bien distinctes :

La persévérance obligée et rébarbative ;

La persévérance raisonnée et voulue.

La première est un état subi et accepté de mauvaise grâce.

La seconde est un état choisi.

Celle-ci marche dans la lumière, auréolée des feux de l'espoir.

L'autre se traîne dans la pénombre en claudiquant et en maugréant.

Quelquefois elle s'amende un peu, se résigne, puis s'établit obscurément.

Elle ne se lamente plus, mais n'entonne aucun chant d'allégresse ; elle est grise et neutre : c'est la routine.

Nous parlerons d'abord de la première; celle-là disperse sur toutes choses les rayons qui l'environnent.

A son contact, les objets les plus maussades se colorent joliment ; elle met la joie au cœur de ceux qui la connaissent et pratiquent ses préceptes.

C'est l'échanson de l'espérance, celle qui verse à tous ceux qui peinent la croyance en un lendemain meilleur, pour récompense des labeurs de la veille.

Par elle tout s'éclaire et se simplifie.

La foi qui toujours l'accompagne avive les énergies chancelantes ; la croyance en l'avenir, édifié par ses soins, rend moins arides les efforts qui doivent y conduire.

Enfin les progrès constants dans la voie où elle nous guide, en nous rendant tous les jours le but plus proche et plus tangible, nous donne la force de renouveler les tentatives qui nous permettront de l'atteindre.

Mais, dira-t-on, comment peut-il exister une autre sorte de persévérance ?

Hélas ! tous ceux qui sont obligés de vivre d'un travail obscur ont eu à subir son empire, ne fût-ce qu'un moment.

Tous ont ressenti la rancœur de l'habitude mesquine et forcée, ainsi que celle du labeur sans beauté.

Mais les véritables persévérants ont vite secoué ce joug malsain.

Au lieu d'aller à leur travail avec la résignation morne du bœuf qui piétine dans le même sillon, ils ont cherché à dégager le côté intéressant de leurs occupations et s'y sont particulièrement attachés.

Ils ont compris que toute besogne, si humble qu'elle puisse être, renferme sa beauté propre et mérite d'être considérée, autrement que comme un pensum infligé par le sort.

Si ingrat que soit un emploi, il double d'intérêt pour celui qui s'y consacre entièrement avec l'idée du perfectionnement qu'il comporte, jointe à la certitude d'une réalisation quelconque.

Est-il rien qui semble plus morose que de s'asseoir tous les matins devant le même décor banal et insipide et de passer sa journée à aligner des chiffres ?

Eh bien ! nombre de gens ont trouvé le moyen de donner un attrait à cette besogne anonyme.

Ils travaillent de leur mieux et s'efforcent vers le but, en voyant, après la satisfaction du devoir accompli, la récompense, sous forme de sécurité et de tranquillité dans l'avenir.

Que de frais jardins, environnant de clairs cottages ont passé devant les yeux des employés, des bureaucrates et des calculateurs pendant leurs heures de travail.

Ils savent que ces chiffres maussades sont le moyen de conquérir un jour cet Éden et courageusement ils reprennent le fil de leurs additions, après avoir salué d'un sourire ami la prometteuse vision que leur persévérance s'emploie à transformer en réalité savoureuse.

Celui qui ne sait pas pratiquer cette vertu, en donne peut-être l'illusion par la continuité de l'effort semblable, mais l'énergie et l'activité en étant complètement bannies, il n'y peut trouver que de l'amertume.

La fatigue seule lui est sensible.

Il faut convenir que ses joies sont rares, car il ne fait rien pour les préparer.

C'est donc dans l'aigreur du mécontentement que se consomme le travail quotidien.

S'il lui est possible de l'écourter, il le fera avec empressement, mais dans le cas où il devrait l'accomplir intégralement, il s'y livrera sans plaisir, sans initiative et sans idée d'amélioration.

Il restera longtemps dans les rangs, marquant

le pas, sans pouvoir trouver en lui l'énergie du geste, ou plutôt de la série de gestes qui le porteraient en avant en le dégageant de la foule.

Quant au troisième, enlisé dans cette persévérance de mauvais aloi qui a nom : routine, il laisse couler les jours, recommençant le lendemain ce qu'il avait fait la veille, travaillant sans entrain, mais n'admettant pas qu'il lui soit possible de ne pas le faire.

Son existence entière est une protestation contre le mieux ; il craint toute amélioration aussi bien que tout désastre.

Il a la haine du changement.

Il n'est pourtant pas satisfait de son sort; il le déclare volontiers peu enviable, mais il se garderait bien de faire la moindre démarche pour l'améliorer.

Nous n'avons parlé jusqu'ici que de ceux qui pratiquent la persévérance ou du moins qui croient la pratiquer à des degrés différents et à des points de vue tout à fait opposés.

Il est une autre classe de gens qu'il faut plaindre plus que les routiniers ou les persévérants de mauvais gré.

Ce sont les faibles qui ne trouvent pas en eux le courage d'accomplir une série d'efforts, à quelque titre que ce soit.

Ceux-là sont des victimes toutes désignées par le malheur dont ils n'auront pas su entraver la marche.

Si leur situation de fortune leur permet l'inactivité ils traîneront une existence semée de désappointements, car rien ne s'acquiert sans peine, même les choses que l'on échange contre de l'argent.

Leur volonté intermittente ne laissera la place à aucune satisfaction réelle et ils abandonneront chaque projet aussitôt conçu, reculant toujours devant les difficultés de l'accomplissement.

Car il faut bien se le persuader, il n'est aucun plaisir sans peine.

Toutes les distractions demandent un effort suivi.

Les voyages ne présentent de l'agrément que lorsqu'ils ont été préparés assez soigneusement pour éviter la venue de mille complications, qui, en contre-carrant les projets, viennent modifier l'itinéraire ou en bouleverser l'horaire.

Les arts demandent une culture qui ne s'obtient pas sans grande application.

La gestion d'une fortune implique un travail soutenu.

Enfin il n'est pas jusqu'aux plus ordinaires délassements, tel que le bal, ou les sports qui n'exigent une série d'efforts préparatoires pour se perfectionner dans les exercices qui, exécutés médiocrement, ne représenteraient qu'une fatigue sans intérêt.

La persévérance est donc la vertu directrice de la vie quotidienne.

C'est à elle encore que nous devons l'édification ou la conservation de notre fortune sur la base solide de l'économie.

Tout le monde connaît la puissance de l'épargne.

Sans la persévérance, elle est presque toujours impossible à pratiquer.

C'est à dessein que nous employons le mot : impossible, car les économies ne se chiffrent pas par grosses sommes.

On a rarement l'occasion d'économiser des billets de mille francs, mais on est tenté vingt fois par jour de dépenser une pièce de monnaie d'une valeur négligeable si l'on s'en tient à l'unité, mais considérable par égard à la multiplicité.

« L'économie la plus sérieuse, dit J. B. Withson (1), n'est pas celle de la grosse somme.

« Les occasions de sortir des billets de banque sont relativement rares, tandis que nous avons cent fois dans la journée des prétextes pour dépenser de petites pièces, qui prises séparément sont certainement insignifiantes, mais, néanmoins le soir venu, forment un total qui, multiplié par 365, représente, au bout de l'année, une somme respectable.

Et J. B. Wisthon ajoute judicieusement :

« Si nous voulons être de bonne foi vis-à-vis de nous-mêmes et mettre en balance le peu de plai-

(1) Comment on fait fortune, éditions Nilsson.

sir que nous avons recueilli de ces petites dé-
penses et l'importance du total que leur addition
représente, nous devrons nous avouer que, comme
on dit familièrement : « nous n'en avons pas eu
pour notre argent ».

Nous ne voudrions pas redire tous les calculs
stupéfiants et réels pourtant, qui ont été faits au
sujet du sou économisé tous les jours et mis
soigneusement de côté.

Cependant, il faut bien savoir regarder autour
de soi et se persuader que les personnes pratiquant une sage économie arrivent à se donner, au
moyen de ressources restreintes, plus de confor-
table que certains prodigues, infiniment mieux
partagés du côté de la fortune.

Or sans la persévérance, pas d'économies possibles; sans elle, le but poursuivi sera toujours
voilé par la tyrannie de la satisfaction momentanée.

Lorsqu'il réapparaîtra de nouveau, nous serons
navrés alors de constater qu'il s'est encore éloigné
et que nos efforts précédents sont tout près d'être
annulés par notre légèreté.

La persévérance est aussi une source de joie
constante pour ceux qui savent ressentir l'émula-
tion que le succès apporte avec lui.

Une réussite va rarement seule.

Elle est presque toujours le résultat d'une multitude de réalisations, concourant toutes à la formation de l'achèvement final.

Aussi celui qui apprécie le prix de chacune de ces réalisations éprouve-t-il une satisfaction réelle à les accomplir.

On pourrait le comparer à un orfèvre, épris de son art, qui cisellerait avec amour des maillons dont l'assemblage formera une chaîne splendide.

Il est bien certain que, prises séparément, ces mailles représentent une valeur minime et ne vaudront que par leur multiplicité et leur réunion.

Les magnifiques collections que nous admirons journellement ne se sont pas autrement formées.

On sourirait de l'inexpérience de celui qui aurait la prétention d'assembler d'un coup une collection.

Ce n'est qu'à la suite de minutieuses et patientes recherches que l'on parvient à rencontrer d'abord, à réunir ensuite, une quantité d'objets, se rattachant tous à la même famille.

Mais quelle joie lorsqu'on déniche une rareté et qu'il est donné de constater l'accroissement de sa richesse artistique.

Hâtons-nous de dire qu'en cette occasion, l'art n'est pas tout seul en jeu et que la fortune vient souvent récompenser la patience et la ténacité du collectionneur.

Une autre forme de la persévérance, en ce qui touche la vie de tous les jours est la conscience du prix du temps.

Celui qui, par un emploi judicieux des qualités composant la persévérance, s'attache à une œuvre et sait y faire converger ses pensées et ses actes, vit avec infiniment plus d'intensité que l'homme dans la vie duquel les 'tentatives sans suite se succèdent à plus ou moins longs intervalles.

Cela s'explique de la façon la plus simple :

Il n'est pas douteux que les instants consacrés à un effort sans durée, conduisant à un échec inévitable peuvent être comptés comme autant de minutes retranchées de l'existence.

Ce temps, pendant lequel on n'a vécu que pour atteindre un but, abandonné ensuite, peut se classer sans discussion parmi les heures mortes, ou pour mieux dire, les heures invécues.

Il faut plaindre ceux dont la vie compte beaucoup de ces instants.

Ils sont presque toujours la proie d'une humeur fâcheuse; ils deviennent facilement atrabilaires et le mécontentement d'eux-mêmes se traduit par une intransigeance qui les fait redouter des leurs.

L'homme doué de la persévérance véritable ne connaîtra pas ces tristesses.

Plein de ses projets, heureux des résultats partiels qui lui donnent le droit d'envisager le succès futur, il marchera dans la vie, en cueillant les fleurs de la route, ne se rebutant pas et répétant autant de fois que cela est nécessaire le geste qui lui permettra d'assembler une magnifique gerbe.

Est-ce à dire que l'homme persévérant ne commet jamais d'erreurs ?

On sourirait si nous voulions l'affirmer.

Mais ces mêmes erreurs sont rarement infécondes pour lui, car il sait reconnaître le vice d'exécution, principe de l'insuccès et, bien loin de se décourager et de bifurquer, il profitera de la leçon pour apporter dans son entreprise les modifications que l'expérience précédente lui suggérera.

Il s'acheminera ainsi, lentement, peut-être, mais d'autant plus sûrement, vers les fins qu'il convoite.

La persévérance est surtout une vertu familiale.

Elle a rarement quelque chose à voir dans les actions d'éclat qui sont toujours des actes d'impulsivité. Mais n'y a-t-il pas autant de bravoure à entamer la lutte contre les forces hostiles, qui sommeillent dans les humbles choses de tous les jours, qu'il peut y en avoir à partir en guerre contre un ennemi visible et loyal ?

Le courage obscur n'est pas le moins méritoire de tous et le dévouement qui se manifeste, avec la certitude de passer inaperçu est une bravoure que bien des foudres de guerre ignoreront toujours,

Disons en terminant, de quel poids pèse la persévérance dans l'harmonie familiale.

Elle unit tous les esprits et tous les cœurs dans une pensée qui les solidarise, bien plus efficacement que les liens du sang ne peuvent le faire.

Elle les dote des qualités dont la puissance les investit lentement, en les disposant à la fermeté d'âme et à la bonté qui sont les bases de toute association familiale et intellectuelle.

L'esprit de suite, que possèdent toujours les persévérants, les conduit encore à tirer parti de toutes les choses qui se rattachent à l'idée qui les préoccupe.

Il arrive même qu'ils découvrent entre leur idée et mille détails insignifiants pour bien d'autres, les affinités qui sont pour eux le point de départ d'heureux développements.

Il n'est besoin pour cela que de savoir observer d'abord, et ensuite de ramener ses observations au sujet qui, pour le moment, captive tout l'intérêt.

La vie quotidienne, avec ses incidents, ses joies, ses soucis et ses devoirs de chaque jour, est une mine précieuse, dans laquelle chacun peut puiser avec certitude de toujours rencontrer un sujet intéressant.

Les cataclysmes se produisent rarement; les hommes de génie ne se rencontrent guère, aussi ne doit-on pas attendre, pour prendre des résolutions, de voir se dresser des événements capitaux ou d'être visité par l'inspiration.

Dans la vie de tous les jours, elle se remplace aisément par l'observation minutieuse des faits, que l'on aura soin de ramener — autant que faire se peut — à la question préoccupante.

Le moindre incident, qui vient y apporter un élément de plus, lui constitue une force nouvelle et lui donne une chance de plus de durée et d'accomplissement.

C'est pierre par pierre que se sont construits les édifices les plus importants, aussi bien que l'humble maisonnette.

Or le but de tout homme, qui veut acquérir le don de persévérance, doit être de ne pas laisser passer un jour sans apporter sa pierre à l'édifice projeté.

Il le verra bientôt s'élever, solide et durable, au-dessus des monuments écroulés, de la légèreté, de la paresse et de l'étourderie.

CHAPITRE IV

L'orientation et la persévérance.

Les vocations véritables sont rares, il faut bien
l'avouer, et celui qui cherche à fixer le but de sa
vie, est bien souvent semblable au voyageur, qui,
placé au milieu d'un carrefour, voudrait deviner,
par des moyens qui ne lui sont pas connus encore,
quel est le sentier dans lequel il doit s'engager.

Il est d'abord indispensable de poser ceci en
principe : chaque profession, chaque situation
présentent des avantages et des inconvénients.

Il s'agit simplement de savoir discerner les uns
et les autres et, ceci fait, de les peser avec un
désir sincère d'impartialité.

Trop de jeunes gens se laissent aller à la solli-
citation de la première pensée, sans chercher à
l'approfondir et à la disséquer.

Ils préfèrent voir seulement les côtés brillants

de la profession qu'ils embrassent, se réservant plus tard d'en apprécier les difficultés.

A ceux qui les leur font pressentir, ils n'accordent aucun crédit, se contentant de hausser les épaules en répliquant que nulle médaille n'est exempte de revers.

Ils s'engagent donc dans la voie choisie et se heurtent, dès le début, à des ennuis, qui, pour quelques-uns, deviennent de véritables impossibilités.

Ils songent alors à retourner sur leurs pas, mais les difficultés du début renaissent avec les premières années d'une nouvelle carrière et ils se trouvent dans le même embarras avec le remords du temps perdu.

S'ils renouvelaient encore l'épreuve, ils se mettraient dans un véritable état d'infériorité, car pendant qu'ils tâtonnent, leurs condisciples marchent de l'avant et ils se trouvent assez loin d'eux pour ne pouvoir les rejoindre sans redoubler d'efforts.

Leur tâche se complique d'autant plus qu'ils doivent augmenter la somme de travail exigée par la profession choisie, s'ils désirent rejoindre ceux qui les ont devancés.

C'est pourquoi l'on ne saurait assez inciter les jeunes gens à réfléchir profondément avant de choisir une carrière.

Il est sage de les mettre en garde contre les

nirages brillants, dont le reflet masque trop sou-
ent les réalités obscures et rebutantes.

Une orientation unique est le seul moyen de
éussir d'une façon honorable et suivie.

N'ayons-nous pas des exemples fameux de cette
lirection qui s'impose à l'esprit, le domine, l'as-
ervit à l'idée et le rend apte à seconder les
lus hardies entreprises.

L'antiquité nous montre Démosthène, tout
lein du dieu de l'éloquence, entreprendre, pour
ormer sa voix, une véritable lutte avec la na-
ure.

Sa prononciation défectueuse, ses gestes étri-
ués, la faiblesse de sa poitrine, semblaient de-
oir l'éloigner à tout jamais des joutes oratoires.

Mais l'idée maîtresse, base de toute persévé-
ance, le soutenait.

N'est-ce pas seulement la persévérance qui lui
onna la force de combattre son défaut de pro-
onciation au moyen de cailloux dont il s'emplis-
ait la bouche?

N'était-ce pas aussi l'emprise de l'idée maîtresse
ui le poussait à lutter contre le peu de sonorité
e sa voix en déclamant dans le vent, et s'effor-
ant à couvrir de ses paroles le bruit des lames
'entrechoquant.

Il était plein de nervosité; mais résolu cepen-
ant à réprimer les gestes impulsifs qui se pro-
uisaient en dehors de sa volonté, il employa un

moyen qui n'était pas exempt d'un véritable courage.

Après avoir étudié ses attitudes, au point de ne pas ignorer la fréquence de certains gestes, il dressa près de lui une épée nue, de façon à ce que l'éminence du danger vînt mettre à son exubérance le frein que la volonté seule ne pouvait apporter.

Il serait oiseux de dire ce que tout le monde sait, et d'insister sur les résultats de cette persévérance héroïque.

Mais il est utile de s'inspirer de pareilles leçons, car après avoir fait un retour sur soi-même et s'être livré à un examen approfondi des goûts, des penchants et des aptitudes que l'on se reconnaît, il sera donné, en s'appuyant sur d'illustres exemples, de persévérer dans la voie choisie, afin d'y briller à son tour.

On conte qu'un jour, un philosophe, en se promenant dans un jardin, remarqua des arbres de même essence, dont les uns s'élevaient droits et robustes, tandis que les autres s'étiolaient.

Il en demanda la raison et on lui apprit que les premiers avaient été plantés directement là où ils croissaient, tandis que les autres avaient dû subir plusieurs transplantations.

Se tournant vers les disciples qui l'accompagnaient, il leur montra ces arbres en leur disant qu'ils devaient les considérer comme un symbole.

« Les orientations successives, leur dit-il, ont pour les jeunes gens les mêmes dangers que les transplantations nombreuses pour les végétaux.

« A peine les racines ont-elles pris le temps de se former, qu'on les brise par un arrachement.

« Il en est de même pour ceux qui abandonnent une carrière primitivement choisie.

« Leurs efforts anciens sont annulés et ils doivent se créer de nouvelles habitudes, dans une ambiance mal connue et, souvent, pleine de dangers. »

Il est donc d'une importance majeure de ne pas s'engager à la légère dans une voie mal connue dont on n'a pas voulu prévoir les embarras, les difficultés, parfois insurmontables et les embûches dans lesquelles, faute de prévoyance, on choit misérablement.

Dans toute orientation, de quelque nature soit-elle, deux choses sont d'abord à redouter :

L'engouement ;

L'exigence mal raisonnée.

Nous avons, au début de ce livre, parlé de l'enthousiasme en disant combien il pouvait devenir funeste.

Nous répéterons ceci au sujet de l'engouement qui n'est pas tout à fait l'enthousiasme, mais peut être considéré comme son frère.

L'enthousiasme ne se manifeste généralement qu'après une certaine connaissance du sujet.

Il est rarement produit par la conception seule de l'objet qui le cause et se traduit toujours par des signes extérieurs.

S'il n'est pas alimenté par des influences étrangères, l'enthousiasme demeure rarement à l'apogée.

On pourrait alors prédire à coup sûr une désillusion d'autant plus prompte qu'il aura été plus ardent.

L'engouement est moins expansif; il ne meurt pas du manque d'association; il est plus tenace et d'autant plus redoutable qu'il procède de la même façon que l'enthousiame.

Mais il ne laisse pas comme lui, une large prise à l'apaisement, car il se dissimule davantage.

S'il est relativement facile de modérer la flambée des faux enthousiasmes il l'est infiniment moins de ramener l'engouement aux proportions de la vérité, car il adopte les dehors du raisonnement et se montre surtout dans les actes.

Il est infiniment plus dangereux, pour toutes ces raisons d'abord et ensuite à cause de son action déplorable sur le jugement, qu'il obscurcit au point de ne laisser voir que les côtés séduisants du but choisi.

L'exigence, au contraire, ne voit dans la chose qu'il est question d'adopter que des difficultés, des ennuis et des désavantages.

De tout cela elle fait des impossibilités, et

finit par conclure au rejet de chaque projet.

Si les circonstances, cependant, lui interdisent l'inactivité, l'exigeant sera bien forcé de s'imposer une résolution ; mais il le fera de si mauvaise grâce, qu'il aura peine à y persévérer.

Son défaut se transformera vite en mécontentement et sa mauvaise humeur deviendra de la colère latente.

Il prendra ombrage de tout et rendra les choses et les hommes responsables de ce qu'il appellera son malheur.

Dans tout ceci que devient l'orientation persévérante ?

Hélas ! tantôt soumise au tourbillon de l'enthousiasme exagéré, tantôt plongée dans l'abîme de la désolation, elle n'arrivera jamais à se maintenir au point où elle devient la cheville ouvrière des heureuses terminaisons.

Si l'on interroge un homme célèbre, on verra combien la fixité de l'orientation est précieuse pour conquérir la gloire ou la fortune. Il serait mieux de parler de la gloire *et* de la fortune, car, nous l'avons dit, écrit, la seconde est toujours l'accompagnatrice de la première.

Il se peut que des circonstances fassent dès le début dévier les actions, en forçant d'accomplir couramment des actes dont la qualité est étrangère à ceux qu'inspire l'idée maîtresse.

Mais celle-ci ne disparaît pas, lorsqu'on ne s'applique pas à la chasser.

Comme une amie muette et dévouée, elle nous suit pas à pas dans la vie, révélant sa présence contenue par un rappel discret et se dissimulant ensuite pour faire place aux exigences du moment.

C'est ainsi que le grand Gœthe vécut trente ans avec le doux fantôme de Marguerite, réalité de sa jeunesse qu'il transforma peu à peu dans son imagination, jusqu'au jour, où, sans lui faire perdre trop de sa personnalité, il nous la révéla sous les traits immortels de l'héroïne de Faust.

Cependant, au cours de ces longues années, un magnifique penseur s'était substitué en lui au poète de jadis.

Voilà pourquoi dans la dernière partie de Faust, l'enthousiasme juvénile du début se mue en une métaphysique profonde, reflet des pensées de Gœthe vieilli.

Pourtant l'idée maîtresse n'y est jamais abandonnée ; elle flotte sur toutes les parties de l'œuvre, retraçant les différents états d'esprit de l'auteur, passant de la tendresse platonique à l'amour charnel et des réalités humbles de la vie quotidienne à des envolées, dont le lyrisme se livre à de fréquentes incursions dans le domaine de la chimère.

Mais que Marguerite nous fasse le récit de ses occupations obscures ou que le dialogue des grands morts nous maintienne, dans la dernière partie de l'ouvrage, au niveau le plus élevé de la philosophie, l'orientation est restée unique et, grâce à la persévérance qui l'a maintenue pendant des ans nombreux, elle a donné naissance à un chef-d'œuvre immortel.

Ce qui est vrai pour les choses de grande envergure, ne l'est pas moins s'il s'agit de celles qui font partie des matérialités toutes simples.

Le choix d'un métier, aussi modeste qu'il soit, comporte les mêmes éléments de sagacité, de volonté, d'endurance ; il exige un discernement portant, non seulement sur les aptitudes morales, mais encore sur les capacités physiques.

Il est des faiblesses ou des tares corporelles qui doublent la difficulté d'un métier et tout le monde n'a pas l'âme d'un Démosthène pour les combattre victorieusement.

Et puis, à moins d'une vocation irrésistible, on ne doit pas oublier que le temps passé dans cette lutte est perdu pour le progrès.

L'effort qui portera vers le but est toujours considérable ; à quoi bon le doubler ?

On ne saurait assez attirer sur ce dernier point l'attention des jeunes gens qui désirent prendre un état autre que le métier paternel, parce que, prétendent-ils, ils en connaissent trop les inconvénients.

Mais aucun labeur n'en est exempt et la carrière du père présente pour le fils l'avantage d'une expérience qu'il n'aura pas besoin d'acquérir à ses dépens.

S'il est assoiffé de progrès, qui l'empêche d'y apporter toutes les améliorations que la science moderne permet d'introduire en toutes choses ?

Il sera certain d'un prompt succès, à condition que, en s'engageant dans la voie suivie par son devancier, il prenne la résolution d'éviter la routine, cet obstacle que les hommes des générations précédentes ont toujours tendance à jeter au travers de la route du mieux.

Il devra la combattre d'autant plus activement qu'il désirera le succès plus rapide et il ne l'obtiendra qu'en pratiquant la persévérance, au détriment de l'habitude sans horizon et sans perfectionnement.

CHAPITRE V

Une des clefs de la fortune.

Il est impossible de ne pas être frappé de la puissance que donne la persévérance lorsqu'on se trouve en face des monuments de l'antiquité.

Les sphinx géants, qui semblent défier le temps et qui pourraient, en ce monde, passer pour un emblème d'éternité, les pyramides qui, depuis tant de milliers d'années, ont résisté à l'assaut des éléments, sont surtout des monuments élevés par la main humaine à la glorification de la persévérance.

Songe-t-on aux efforts qu'il a fallu à des hommes, ne disposant que de moyens rudimentaires, pour mener à bien ces gigantesques travaux, qui occupèrent des générations successives ?

A travers le temps, avec la disparition et la réapparition de nouveaux êtres, l'idée maîtresse persistait : léguer aux peuples futurs un monument de la puissance d'une nation.

C'est la leçon qui se dégage surtout de cet effort colossal si heureusement réalisé.

Certes, la volonté, l'ingéniosité, l'endurance ont eu leur large part dans ce travail de titans.

Mais toutes ces qualités n'étaient que les satellites de la vertu principale : la Persévérance.

Que fussent devenus les efforts d'un règne, si le souverain suivant n'avait continué ceux de son prédécesseur ?

Depuis longtemps enlisés dans les sables, les blocs épars seraient allés rejoindre dans l'oubli les ruines des villes, autrefois fameuses pourtant, dont on recherche en vain les vestiges.

Nous avons maintenant une autre conception de la valeur du temps et de celle de la vie des hommes.

Nos édifices, s'ils sont matériellement moins durables, sont cependant plus impérissables encore.

Ce ne sont plus les blocs énormes qu'il s'agit d'assembler dans un travail surhumain.

L'effort porte plus haut.

Nos grands travaux s'exécutent, non plus par la force seule, mais par l'intelligence persévérante, c'est-à-dire par l'assiduité et la continuité du labeur.

Si nous ne léguons plus à nos descendants des ouvrages attestant la force brutale, mise au service d'un bel orgueil, nous tendons à leur laisser le souvenir d'un progrès dont notre légitime ambition fut le moteur.

Qu'on ne s'écrie pas que le génie n'est pas à la portée de tout le monde et qu'ils sont rares ceux qui peuvent attacher leur nom à une grande initiative.

Il n'est aucun de nous qui n'ait une mission à remplir.

Pour les uns, il s'agit de conserver intacts le nom et la fortune de leurs aïeux.

Pour les autres, la plus grande partie, du reste, cette fortune est à conquérir.

Quant au nom, ils pourraient redire cette phrase célèbre d'un maréchal du premier Empire :

« Nous sommes nos propres aïeux. »

C'est-à-dire que si jamais leur nom devient illustre, c'est qu'ils lui auraient eux-mêmes donné le lustre qui le perpétuera dans sa célébrité.

De ce nombre sont les savants, les inventeurs, tous ceux enfin qui, basant leur espoir sur la valeur d'efforts réitérés, concourent tous à la terminaison qu'ils convoitent.

On objectera encore que nous parlons là d'une élite et que la plupart des hommes ne portent pas en eux des aptitudes voulues pour devenir célèbres.

Il est surtout trop fréquent de rencontrer des gens qui, par paresse, par ignorance, par légèreté d'esprit, négligent de mettre en valeur celles que la nature leur a départies.

N'avons-nous pas tous appris que la découverte des lois de la pesanteur fut due à la chute d'une pomme qui, un jour, se détacha de l'arbre et tomba devant Newton ?

Ce phénomène est pourtant, depuis des siècles, répété bien des millions de fois par jour et sa vulgarité n'avait jusque-là frappé personne.

Mais ce petit incident si ordinaire détermina chez le savant une éclosion, due à l'influence de l'idée maîtresse, qui, avec une persévérance rare, hantait son cerveau.

Un des exemples les plus frappants de l'action prépondérante de l'idée poursuivie avec ténacité nous est également fourni par Galilée gardant en lui, pendant plusieurs lustres, l'idée de la mensuration du temps, qui lui fut suggérée lorsqu'il avait dix-huit ans.

A cette époque son attention, déjà en éveil, fut captivée par l'acte d'un servant de l'Église de Pise, qui, après avoir empli d'huile la lampe du sanctuaire, la laissa osciller sans en arrêter le balancement.

Cinquante ans plus tard seulement, il donna un corps à ses méditations persévérantes.

Que serait-il arrivé si, dans la fougue de sa dix-huitième année, il avait voulu réaliser ce que son observation lui avait suggéré ?

On peut, sans être accusé de pessimisme, penser qu'il lui aurait été impossible alors de présenter une solution aussi complète qu'elle l'est devenue, après de longues années d'études complémentaires et une période prolongée d'incubation.

A ceux qui manqueraient d'héroïsme coutumier, il est bon de faire remarquer que la persévérance qui nous permet d'édifier une réussite, c'est-à-dire la fortune rêvée, se résoud assez souvent en une série d'efforts qui deviennent une habitude.

Ils perdent ainsi de leur âpreté, car la réitération rend tout plus facile.

Puis à la joie du succès se mêle celle que procure toujours le sentiment du devoir accompli et des progrès réalisés.

En faut-il davantage pour rendre agréable, dans le présent, un labeur qui prépare la sérénité de l'avenir ?

Pour la plupart, la persévérance n'a pas d'autre but ; elle est le moyen de parvenir au succès qui donnera la fortune, c'est-à-dire la sécurité pour les jours futurs.

Pour quelques âmes vulgaires seulement, la fortune est un besoin d'avarice satisfait.

Mais l'apaisement, venu des aspirations réalisées, leur est inconnu.

A la joie passagère causée par la possession, se mêlent toujours le regret de ne l'avoir plus importante et le dépit de ne pouvoir conserver intact le trésor si péniblement amassé.

Le calme, issu des espoirs couronnés de succès, est réservé exclusivement à ceux pour lesquels la fortune est un moyen et non un but unique.

Pour ceux qui limitent leur ambition à la possession de telle somme d'argent, la vie n'est-elle pas close dès qu'elle leur est échue ?

Mais pour celui qui désire posséder la fortune, non pour se livrer à la paresse, mais afin de se trouver délié des entraves de la pauvreté, qui le force à s'adonner à des besognes secondaires, l'avenir s'élargira, en même temps que se produira la première réalisation sérieuse.

Ne se trouvant plus contraint de travailler pour faire face à ses besoins quotidiens, il pourra se tourner du côté des nobles accomplissements.

La maîtrise de lui-même lui sera d'autant moins difficile à obtenir, qu'il ne se trouvera plus contraint à des besognes sans intérêt ni à des démarches irritantes.

Il pourra choisir son but au lieu de se le laisser imposer par les circonstances.

Il aura tout le loisir d'activer ou de réfréner ces moyens d'action et l'expectative n'étant plus pour lui une ruine, il ne lui sera plus interdit de pratiquer cette ténacité latente, qui ne se dévoile par aucun signe, mais fructifie implacablement.

Il imitera ainsi le cultivateur qui, à l'automne,

confie à la terre le blé qui doit y dormir tout l'hiver.

Dormir ? non, car ce sommeil n'est qu'apparent ; un sourd travail se produit au cœur de la graine qui brise son enveloppe et laisse surgir son germe précieux.

Il en sera de même pour l'idée qu'une hâte fébrile n'oblige pas à se développer immédiatement.

Émise par celui auquel la persévérance a déjà valu, sinon une fortune, tout au moins la sécurité de la vie quotidienne, la pensée confiée à la méditation, subira une période de germination dont la durée sera en rapport avec la richesse de son éclosion.

Pour l'homme de bien, la fortune sera, non seulement le but des satisfactions matérielles, mais encore le levier qui lui permettra de soulever mille obstacles.

Il n'est pas donné à tout le monde de pénétrer dans la vie par la porte dorée, mais chacun peut améliorer sa situation dans le sens qui lui semblera préférable.

Les uns demandent au faste le bonheur qui leur semble résider surtout dans les avantages extérieurs de la fortune.

Laissons aux censeurs moroses le soin de les en blâmer.

Ceux-là sont aussi des éléments concourant au bien-être général.

En satisfaisant leurs plaisirs, ils donnent aux travailleurs l'occasion de gagner leur vie ; toutes les industries alimentées par le luxe nourrissent un peuple de laborieux auxquels les caprices du riche permettent de participer, à leur tour, aux joies de la vie intellectuelle.

Il est bien connu que les ouvriers s'occupant des industries de luxe ont des goûts artistiques très développés.

Pour la plupart d'entre eux, le « métier » est donc le « moyen » tandis que « l'art » est le « but ».

En voici la raison : nombre d'artisans s'occupant de travaux de luxe nourrissent tous une aspiration, d'un ordre plus relevé que le travail matériel auquel le besoin de vivre les astreint.

C'est à la réalisation de ce désir qu'ils appliquent les ressources supplémentaires que leur fournit la rétribution de la tâche quotidienne.

C'est en travaillant assidûment à une besogne matérielle que maints artistes ont trouvé les ressources nécessaires à la création de l'œuvre qu'ils rêvaient.

Il serait donc injuste, socialement parlant, de condamner ceux qui ne voient dans la persévérance que le moyen d'obtenir une fortune dont ils apprécient surtout les matérialités.

Dans la grande machine qu'est la société, ils sont des rouages inférieurs, mais utiles quand même à la bonne marche générale.

Il en est d'autres qui ne demandent à l'argent que de remplir son rôle de marchandise choisissante et ne cherchent à l'acquérir que pour l'échanger contre une denrée plus délicate, concernant les choses de la science et de l'esprit.

Ceux-là sont aussi des apôtres de la persévérance; leur appétit de vivre trouve son aliment dans la manifestation de la volonté, qui est une affirmation de l'existence.

Ils savent bien ceux-là que le progrès ne se produit pas, sans une multitude de réalisations, précédant la terminaison et ils envisagent avec calme la durée d'une lutte incessante pour la conquête du mieux.

Cesser de combattre, c'est presque toujours se déclarer vaincu.

Pour quelques présomptueux, c'est se déclarer satisfaits.

Mais chez celui qu'une volonté persévérante habite, le désir de conquête ne s'éteint pas; l'inaction est regardée par lui comme le commencement de la déchéance.

C'est, en tout cas, la cessation de l'effort vers le progrès et celui qui n'avance pas est rapidement distancé.

Aussi verrons-nous toujours ceux qu'une ambition raisonnée anime se fortifier dans leur idée, au point d'être constamment prêts à passer de la pensée à l'acte.

Banissant les irrésolutions, ils se garderont des sentiments hostiles à l'accomplissement qu'ils désirent.

Ils lasseront leurs adversaires par leur ténacité et les désarmeront par la continuité de leurs efforts.

Leur persévérance tranquille, méthodique, fera triompher la raison et ils imposeront autour d'eux l'autorité que la maîtrise d'eux-mêmes leur aura conférée.

Ils seront prêts à développer aussi bien l'énergie militante que la ténacité latente et muette, bien plus difficile à maintenir que la première.

Tout pleins de l'idée maîtresse, qui par les liens de l'association, plane sur leur vie entière, ils rechercheront tout ce qui peut servir à l'étendre, à la fortifier, à la défendre au besoin.

Ils repousseront avec résolution tout ce qui lui est contraire ou viendrait les en éloigner.

Ils aimeront à se recueillir avant d'agir et cultiveront toutes les pensées qui sont susceptibles de stimuler leurs énergies et de provoquer l'action directrice, se rattachant à l'achèvement que le besoin ou le désir leur fait entrevoir.

Pour ceux en qui l'âme sociale domine l'âme individuelle, ils sauront supporter sans se décourager les échecs répétés, n'ignorant pas que de ces défaites successives doit surgir la victoire finale.

Les appétits et les intérêts individuels ne peuvent rien contre la lente pénétration qui convertit les esprits et les prépare à un état dont l'idéal se rapproche du bonheu général.

Aussi les uns et les autres ne devront-ils jamais cesser de marcher vers le but, ou plutôt, vers une série de réalisations dépendant toutes du but principal.

Pourtant à mesure qu'il se fera plus tangible, ils se plairont à le reculer, car, aussitôt qu'ils se verront près de l'atteindre, leur désir de progrès les portera à le vouloir plus noble et plus beau.

La vie des hommes qu'il faut envier, ceux qu'on peut, à juste titre, appeler les heureux de ce monde, est surtout composée d'accomplissements successifs, tendant tous vers la même fin : non pas la perfection, — car elle cesserait d'exister du moment où elle serait atteinte, puisque tout stationnement est une offense à la recherche du mieux, — mais vers le *Perfectionnement*, qui, comme la persévérance, est une des clefs à l'aide desquelles on ouvre les portes de la renommée et de la fortune.

TABLE DES MATIÈRES

PREMIÈRE PARTIE

CHAPITRE PREMIER. — La véritable persévérance. 5

CHAPITRE II. — Des dangers de l'entêtement. 26

CHAPITRE III. — Craignons le trop facile enthousiasme. 40

CHAPITRE IV. — L'indécision est funeste à la persévérance 51

DEUXIÈME PARTIE

CHAPITRE PREMIER. — Comment on devient persévérant. 67

CHAPITRE II. — Exercices pratiques pour acquérir la persévérance 84

CHAPITRE III. — La persévérance et la vie quotidienne . 94

CHAPITRE IV. — L'orientation et la persévérance . . . 107

CHAPITRE V. — Une des clefs de la fortune. 117

3529. — Tours, Imprimerie E. ARRAULT et Cie.

www.ingramcontent.com/pod-product-compliance
Lightning Source LLC
Chambersburg PA
CBHW060200100426
42744CB00007B/1111